GOLDMANN
Lesen erleben

Buch

Lügner, Betrüger, Serientäter und Sadisten – sie alle finden sich im ganz normalen Alltag von Frauen um die dreißig, die eigentlich nur eines suchen: Mr. Right, den Mann fürs Leben. Keiner versteht, warum sie ihn nicht finden: Sie sind attraktiv, klug, offen, geraten aber dennoch immer an den Falschen... Mit schonungsloser Offenheit entlarvt Roman Maria Koidl die Methoden der Fremdgeher, der Parallelleben-Inhaber, der Noch-nicht-bereit-Experten, der Alle-zwei-Wochen-Männer, der Komme-gerade-aus-einer-Beziehung-Kerle, der Bad Boys und natürlich der unvermeidlichen Dr. Kimbles auf der Flucht. Zudem beschäftigt er sich mit der Frage, warum Frauen immer wieder auf den gleichen Typ Mann hereinfallen, und erklärt, wo in der eigenen Entwicklung Gründe und Wurzeln für diese immer gleiche Auswahl liegen könnten. Neben der unterhaltsamen Analyse typischer Lebenssituationen liefert Koidl nützliche Tipps für den richtigen Umgang mit Männern. Er spricht ein Problem an, das für viele Frauen von großer Relevanz ist, und zeichnet damit ein ungeschminktes Bild der gegenwärtigen Beziehungsrealität.

Autor

Roman Maria Koidl wurde 1967 geboren. Er arbeitet als Publizist, war Dozent für Kommunikation und Wissenstransfer, ist Inhaber der Traditionsmarke MOST Schokolade und betreibt in Berlin die gemeinnützige Kunsthalle Koidl. Neben zahlreichen Publikationen und vier Büchern zu wirtschaftlichen Themen veröffentlichte er die Bestseller *Scheißkerle* und *Blender*. Roman Maria Koidl lebt in Zürich.

www.koidl.com

Von Roman Maria Koidl außerdem im Programm

Blender (17372)
Web Attack (17473)

Roman Maria Koidl

Scheißkerle

Warum es immer die Falschen sind

GOLDMANN

Für Wendy

Verlagsgruppe Random House FSC® N001967

9. Auflage
Vollständige Taschenbuchausgabe September 2011
Wilhelm Goldmann Verlag, München,
in der Verlagsgruppe Random House GmbH,
Neumarkter Str. 28, 81673 München
© 2010 Hoffmann und Campe Verlag, Hamburg
Umschlaggestaltung: Uno Werbeagentur, München,
nach einem Entwurf von Katja Maasböl
Umschlagillustration: © Getty Images/Dorling Kindersley
Satz: Uhl + Massopust, Aalen
Druck und Bindung: GGP Media GmbH, Pößneck
KW · Herstellung: IH
Printed in Germany
ISBN 978-3-442-17246-7
www.goldmann-verlag.de

Besuchen Sie den Goldmann Verlag im Netz

Inhalt

Vorwort

Schon bei den Vorarbeiten zu diesem Buch wurde ich gefragt, ob es von mir selbst handeln (»Du Schwein!«) und meine eigenen Erlebnisse wiedergeben würde. Zudem wurde versucht, Menschen in meinem Umfeld die eine oder andere Rolle zuzuweisen oder gar herauszufinden, um welche realen Personen es sich bei den erzählten Figuren handeln könnte. Richtig ist: Alle Szenen, Personen, Charaktere und Geschichten sind aus vielen Dutzend Interviews und Gesprächen zusammengesetzt. Der Struktur nach ähnliche Erlebnisse und Beziehungsverläufe haben es ermöglicht, Figuren und Geschichten zu erzählen, in denen wiederkehrende Motive erkennbar werden. Und in diesem Sinne ist eben auch richtig: Die Frauen und Männer, von denen hier erzählt wird, gibt es tatsächlich. Ihre Geschichten haben sich in meinem Umfeld zugetragen, ebenso wie in dem von vielen Leserinnen und Lesern.

Roman Maria Koidl

»Trop belle pour toi«
(Filmtitel, Frankreich 1987,
Hauptrolle: Gérard Depardieu)

Glücklich sind immer die anderen

Dieses Buch beschäftigt sich vornehmlich mit der Frage, warum ausgerechnet attraktive, gutaussehende und intelligente Frauen der »thirty somethings« oft so große Probleme in ihren Beziehungen zu Männern haben und auch damit, überhaupt einen Partner zu finden. Konfus sind die gutaussehenden Schnelldenkerinnen bei ihrer Partnerwahl und in ihrem Liebesleben ja keinesfalls, sie sind vielmehr voller Hoffnung und Zuversicht. Dennoch sind viele Frauen mit dreißig schon froh, wenn der Mann, der ihnen gegenübersitzt, nicht verheiratet ist, keine Verhaltensauffälligkeiten zeigt, einigermaßen manierlich essen kann, keine »Altlasten« hat, irgendwie nett ist, das eigene Kraftfahrzeug nicht einen ganzen Abend lang zum Thema macht, schon einmal gehört hat, dass schnelles Fahren Beifahrerinnen zur Raserei bringt, vielleicht ein paar Bücher besitzt, dafür aber keine schwarze Ledercouch mit Chrom, keine farbigen Sakkos trägt, nicht nur über sich redet, gelegentlich auch mal von den Brüsten hoch ins Gesicht seines weiblichen Gegenübers sieht, vielleicht für irgendetwas Talent hat, mindestens aber Stil ohne »e« schreibt und eine Ahnung davon besitzt, dass

Geld und seine Demonstration weit weniger wichtig ist, als seine Geschlechtskollegen meinen.

Um es gleich vorwegzusagen: Ja, es gibt deutlich mehr »gute« Frauen, als es »gute« Männer gibt, und damit verschlechtert sich natürlich auch die statistische Wahrscheinlichkeit, einen netten Kerl abzubekommen. Suchen viele Frauen mit zwanzig noch unter der Vorgabe »neuwertig« einen Partner, so sind sie mit dreißig mit »mängelfrei« zufrieden. Aber was ist dann mit vierzig und wie weit kann man sein Anspruchsdenken reduzieren? Kommen irgendwann nur noch Campingwagenfahrer, Frührentner und Weiße-Tennissocken-Träger als Partner in Frage? Das Ergebnis einer derartigen Zukunftsbetrachtung ist nackte Panik. Optionen werden geprüft und enden bei der Alternative »Vernunft«, das heißt, man evaluiert die denkbaren Möglichkeiten einer konzeptionell angelegten Zweisamkeit. Bei meiner Freundin Bea lief das darauf hinaus, dass sie eines Tages, enttäuscht von ihrer großen Liebe, aus dem Hotelzimmer in die Halle eines Tagungshotels lief und einen zwanzig Jahre älteren Verehrer anrief, den sie als Kunden aus dem beruflichen Umfeld kannte. Bis dato war er ihr als zu alt, nicht passend und wenig attraktiv erschienen. Verliebt war sie sowieso nicht, von Begehren ganz zu schweigen. Nach Jahren des Werbens wurde der Mann nun aber erhört und bereits drei Wochen nach dem Telefonat geheiratet. Heute, fast zehn Jahre später, beruhigt sich Bea mit typischen Floskeln. Es gebe zwar keine Leidenschaft, und Sex hätte sie nur mit ihm, um ihm eine gute Frau zu sein, aber er sei ein guter

Vater und verlässlicher Ehemann. Zumindest kann er eine Bohrmaschine halten und spielt mit seinem Sohn Fußball. »Ich respektiere ihn« – damit enden unsere Gespräche über dieses Thema meist, und es bedeutet zugleich so viel wie: »Ich will diesbezüglich nicht weiter in die Tiefe gehen.« Sie sieht es wohl als genetisch sinnvolle Kombination an. X und Y sind zwar nicht gleich, aber sie stehen wenigstens schon einmal dicht beieinander. Zumindest im Alphabet.

Andere »thirty somethings« versuchen sich in einer solchen Situation dann auf dem Heiratsmarkt einzuordnen und melden sich bei riesigen Partnervermittlungen wie »Parship«, samt Persönlichkeitstest, an. Dort fallen sie bei über zehn (!) Millionen Teilnehmern unter ihren »Suchkriterien« prompt durchs Raster. Dabei sind oft gar nicht die Suchkriterien ausschlaggebend, sondern die Tatsache, dass es, wie selbstverständlich, ein »Raster« gibt. Vieles wird einfacher, wenn man sich mit einem gewissen Pragmatismus klarmacht, dass es tatsächlich ein Marktplatz ist und worin der eigene Marktwert liegt.

Es ist ein wenig wie in der Finanzkrise. Zu viele toxische Papiere im Liebesleben verlangen nach einer sachlichen Betrachtung. Und wer kann das Absurde am besten theoretisch erklären? Natürlich ein Österreicher. Der Wiener Stadtethnologe Professor Dr. Karl Grammer ist ein Meister des Themas »Balzverhalten der Großstädter«. Seine Lieblingsspezies sind »Superweiber«, also bestens ausgebildete 35-jährige Frauen mit Diplom, Karriere, Verantwortung und jeder Menge Ansprüche. Um mehr als

70 Prozent ist die Zahl der Akademikerinnen seit 1991, also in weniger als zwanzig Jahren, gestiegen. Neueste Studien weisen nach, dass Frauen in Sachen Bildung inzwischen mit den Männern gleichgezogen oder sie sogar abgehängt haben.

So weit zum Angebot. Nun zur Nachfrage. Die Nachfrage nach Frauen über 35 sei leider im Moment ein »bisserl« rückläufig, sagt der Herr Professor. Männer heiraten im Durchschnitt schon mit 32 Jahren, und ein Trend zur älteren Frau ist bestenfalls bei US-Popdiven auszumachen. Bis die Superweiber ihre Promotion abgeschlossen haben und die Attitüde »Jetzt ist gerade nicht die richtige Zeit für Kinder, ich will doch noch Karriere machen«, abgelegt haben, sind die bindungsfähigen und netten Männer bereits mit der Sekretärin verheiratet, also für die nächsten Jahre weg vom Markt. Übrig bleiben, wenn man es zuspitzt, viele akademisch hochqualifizierte, berufstätige Superweiber und männliche Hartz-IV-Empfänger. Laut Statistik sind das genau jene beiden Bevölkerungsgruppen mit den geringsten Chancen, einen Partner zu finden. Ein Artikel der US Zeitschrift *Newsweek* hat schon 1986 einer vierzigjährigen Single-Frau größere Wahrscheinlichkeit attestiert, bei einem Anschlag ums Leben zu kommen, als einen Ehemann zu finden. Folgerichtig müssten die Ansprüche der Frauen geringer werden, damit es dennoch klappen kann. Tatsächlich wird – wie die Fantastischen Vier singen – der eigene Film, in dem man selbst die Hauptrolle spielt, so detailliert ausformuliert, dass die Ansprüche und Erwartungen auch unter günstigen Bedingungen kaum zu erfüllen wären. Bei einer Freundin beinhaltet der in aller Detailliertheit ausgestaltete Lebenstraum ein Haus auf der Schwäbischen Alb mit Mann, Kind und einem Mercedes »T-Modell« – denn da sollte der Familienhund, ein Golden Retriever, herausspringen. Das viel realistischere Beziehungsmodell, in dem ein Arbeitsloser die Kinder versorgt, während Mutti in der Vorstandssitzung wirbelt, kommt in den Träumen von Single-Frauen nicht vor, es funktioniert eben in aller Regel auch nur als Modell. Frauen suchen schon aus Gründen der Arterhaltung den Duft des Versorgers, nicht den des Versagers.

Die Anforderungen, die auf Frauen lasten, sind in unserer Gesellschaft ungleich höher als jene, die Männer zu bewältigen haben. Unsichtbare Programme, geschrieben von vordergründig unsichtbarer Hand, bestimmen im Leben vieler Frauen. Es sind vor allem drei starke Kraftfelder, die dabei mit Skripten in das Leben hineinregieren, das je nach subjektivem Schmerz weit weniger selbstbestimmt ist als erwünscht. Zum einen sind es Gesellschaft und Beruf, die Frauen – heute mehr denn je – Rollen zuweisen, in denen sie zu funktionieren haben. Dabei ist die erhebliche Doppelbelastung aus Berufstätigkeit und Familie ein Fakt, der insbesondere im Alter um die dreißig einen erheblichen Ziel- und Orientierungskonflikt auslöst. Daran ändern auch abspülende Männer in der Realität wenig. Die zweite Rolle wird den Frauen oftmals durch ihre (wechselnden) Partner zugewiesen. Dabei ist es einerseits tatsächlich so, dass viele meiner Gesprächspartnerinnen darunter leiden, sich immer wieder asynchrone Rollenmuster durch ihre Partner aufzwängen zu lassen, um damit eine Art Beziehungsburgfrieden herzustellen (er verlangt von ihr Treue, geht aber selbst fremd). Geschieht das wiederholt und also zum Nachteil der Partnerin, so stellt sich einerseits die Frage nach dem alltäglichen Umgang mit dem Partner und der aktiven Adressierung dieser Situation, zum anderen aber auch nach der Auswahl des Partners und damit nach jenem Programm, das weit früher geschrieben wurde, nämlich in Kindheit und Jugend. Es ist vor allem der Sound des Elternhauses, jene unsichtbare Hand, die Entscheidungen in der Partnerwahl und im Verlauf der Beziehung beeinflusst. Dabei ist in erster Linie das Verhältnis von Töchtern zu ihren Vätern prägend und erzieherisches Abbild der eben dargestellten Struktur, wie ich später noch ausführen möchte.

»Zusammentun ist das Schlüsselwort der verzweifelten Frauen um die dreißig«, sagt dagegen die *ZEIT*-Autorin Heike Faller zu Recht. Zugleich ist es so etwas wie ein emotionaler Offenbarungseid, der die Aufgabe sämtlicher Werte aus der Gefühls- und Liebeswelt markiert. Anvisiert wird dabei eine Versorgungsbeziehung, eine Art Rentenreform der Gefühle. Dabei kommen Gedanken an frühere Zeiten oder andere Kulturen auf, in denen Frauen noch verheiratet wurden. Wenigstens hatten die einen Mann, und jemand anders war an ihrem Unglück schuld, sagte neulich eine Bekannte zu mir. Das zeigt, wie groß die seelische Not ist. Wie ein schwarzes, galaktisches Loch saugt die seelische Fixierung alles an und in sich hinein, was im Zusammenhang mit diesem Thema steht.

In den – zumeist gutgefüllten – Bücherregalen ihrer Single-Wohnungen finden sich – in zweiter Reihe – Ratgeber wie »Die späte Geburt«, »Kinder mit 40« oder Bücher darüber, wie man sich auf das – noch weit entfernte – Klimakterium vorbereitet. Ein Lebensabschnitt, dessen Vorboten hypochondrische 35-jährige Frauen gern auch bei längeren Spaziergängen schon zu bemerken glauben, dabei geht es nur etwas bergan. Frauen, die in vorbeifahrende Kinderwagen starren wie Männer jedwelchen Alters in rote Flitzer aus Norditalien. Frauen, die bei der so dahingeworfenen Frage: »Was sagt die Uhr, Schatz?«, nur halb im Scherz antworten: »Meinst du die biologische?« Zur Verteidigung dieser geplagten Mitdreißigerinnen muss man sagen, dass auch Ärzte sie gern mit Sätzen psychologisieren wie: »Übrigens, wenn Sie in Ihrem Alter (33) noch acht fruchtbare Tage im Jahr haben, ist das schon viel.« Oder: »Die Möglichkeiten der künstlichen Befruchtung sind ja heute zum Glück schon recht weit.«

Zu Recht könnte man nun fragen, warum sich eigentlich immer nur die Frauen »bewegen« sollen, Männer könnten schließlich auch an ihrem Paarverhalten etwas ändern. Diese stille Hoffnung nimmt uns der Münchner Soziologieprofessor Ulrich Beck. Er fasst das weibliche Dilemma mit Männern als »verbale Aufgeschlossenheit, bei weitgehender Verhaltensstarre« zusammen. Dieses Problem wird in Studien auch als sogenannte 80 : 40-Katastrophe bezeichnet. 80 Prozent der Frauen bemühen sich demnach intensiv und mit großem Kraftaufwand um die Vereinbarung von Job und Familie, aber nur 40 Prozent der Männer können sich in Wirklichkeit eine Partnerschaft vorstellen, in der die Aufgaben gleich verteilt sind. Sagen tun sie gleichwohl etwas anderes. Befragt man sie, antworten sie brav, dass es ihnen selbstverständlich auf innere Werte, den Charakter und natürlich Intelligenz ankommt. Sie nehmen dann aber die Hübsche mit den großen Brüsten. Das klingt nicht nur einfach gestrickt, das ist es auch. Die Intelligenz einer Frau spielt im Beuteschema des Mannes nicht etwa nur eine untergeordnete Rolle, sie spielt gar keine, sagt Professor Grammer und verweist auf eine repräsentative wissenschaftliche Untersuchung von 1200 paarungsfähigen Großstädtern.

Es liegt demnach einem evolutionären Programm zugrunde, dass sich Männer angesichts jeder jungen Frau fragen: »Könnte da etwas für mich laufen?« Ungezählt sind jene Ehefrauen, die diese Erfahrung mit ihren Männern und deren jungen Assistentinnen machen mussten. Die Studienergebnisse auf einen Nenner gebracht: Die Chancen sind für Frauen am höchsten, je jünger, und bei Männern, je wohlhabender und einflussreicher sie sind. Wissenschaft kann so herrlich politisch unkorrekt sein. Männer, die keine ernsten Absichten verfolgen – und das sind die meisten –, haben folglich die Möglichkeit, sich bei Frauen als Schönheits- und Jugenddiebe zu bedienen, um sich, sobald das Diebesgut entwendet ist (etwa mit

Anfang dreißig!), plötzlich aus dem Staub machen. Wie aber kommt es dazu, dass so viele Frauen diesen Dieben Tür und Tor öffnen, ja sie auch noch hereinbitten?

Der Exkurs zu den Befindlichkeiten der Frauen um die dreißig ist interessant, um zu verstehen, welche Ausgangssituation zugrunde liegt, denn es ist kein »schwieriges Alter«, es ist der Zustand einer Generation. Diese Verfassung hat nur zwei Dimensionen: Entweder man lebt in einer Beziehung, fast unerheblich, ob glücklich oder nicht, oder man ist eben Single. Auch da teilt sich die Selbstbetrachtung. Entweder hat die Sehnsucht nach der idealen, einzigartigen und ewig währenden Liebe schon einen realitätsverzerrten Blick auf das eigene Leben beschert, oder es herrscht nackte Panik. Mit fortschreitender Zeit und verstärkt durch unerfreuliche Beziehungserlebnisse, tendiert die Befindlichkeit ab Tempo dreißig zu Letzterem. Schlimmer noch, die Frage wird ausgeweitet zu einem Grundsatzkomplex, dem »Kann es überhaupt noch klappen?«.

Ich möchte Ihnen Gabriella vorstellen. Sie ist der eigentliche Auslöser für mich gewesen, dieses Buch zu schreiben. Immer wieder habe ich von Frauen dieses Alters ähnliche, teilweise vergleichbare Geschichten gehört, doch erst die Geschichte von Gabriella hat mir gezeigt, dass sich dahinter ein teilweise unheilvoller Mechanismus verbirgt, den man benennen und beschreiben kann. Mir schien, dass die Entwicklung von Gabriella und ihre Abhängigkeit von Männern, die es immer wieder alles andere als gut mit ihr meinten, kein Einzelfall, sondern in dieser Form fast alltäglich ist.

Scheißkerle

Mr Right ist irgendwie falsch

G abriellas Augen sagten alles. Es war ein schöner, sonniger Nachmittag auf dem Hippodrom in Köln. Der Geruch frischgemähten Sommerrasens zog über den aufgeheizten Platz. Ich sah mir gerade Turnierergebnisse auf einem Monitor an, als wir ins Gespräch kamen. Schnell stellten wir fest, mehrere gemeinsame Bekannte zu haben. Was für ein Zufall, wenn man an Zufälle glaubt.

Gabriella war Art-Direktorin bei einem Lifestyle- und Modemagazin und lebte in Hamburg. Sie war 33, äußerst attraktiv, und verbreitete mit ihrer unprätentiösen und frischen Art sofort eine gute, aber unaufdringliche Stimmung. Ein Lichtblick in dieser Gesellschaft faltenwerfender Superreicher aus ganz Europa. Sie trug Hut und einen engen Hosenanzug, der betonte, was zu betonen war. Zusammen mit Gabriella lernte ich auch Matthias kennen, ihren Freund. Matthias Maruschek war 28, Makler und lebte in München. An seinem Revers trug er eine Anstecknadel mit dem Logo seiner Maklerfirma, ein glückliches rosa Schweinchen mit einem Kleeblatt. Der jungenhafte Charme, seine unkomplizierte Art, die Fähigkeit, sich in jeder Gesellschaft schnell zurechtzufinden und nicht zuletzt ein knackiger Po machten ihn zu einem dieser »Ist-der-süß«-Männer, die viele Frauen attraktiv finden. Dass er sich mit Gabriella ohne Einladung in den VIP-Bereich gemogelt hatte, fiel niemandem auf, beide passten glänzend zu der Veranstaltung. Sie verstanden es ausgezeichnet, sich zusammen auf diesem Parkett zu bewegen, und baten, nicht ohne Witz und Charme, geladene Gäste, die den Raum verließen, um deren Gutscheine für das Wettbüro. Matthias verstand es sehr schnell, Damen jeden Alters mit einem unterhaltsamen Gespräch zu erfreuen und Herren das Gefühl zu geben, er sei ein wirklich netter Kerl. Dass seine Akzeptanz, vor allem bei den anwesenden Männern, aus einer gewissen Unfähigkeit herrührte, mit ihnen zu konkurrieren, war für Gabiella nicht zu erkennen. Auch dass er seine Sätze mit »Ich will mal so sagen ...« begann, störte sie nicht weiter. Aber an diesem sonnigen Nachmittag gingen diese kleinen Zeichen im Galopp unter.

Jeder mit einem Fernglas bewaffnet, unterhielten wir uns über dies und das. Man sprach über Belanglosigkeiten und doch tauschte man sich auf einer übergeordneten Ebene intensiv aus, lernte sich kennen und verstand, was der andere gar nicht gesagt hatte. »Jaja, wir kennen uns seit einem Jahr«, sagte Gabriella, »und wir sind sehr glücklich. Er wohnt noch in München, will aber demnächst umziehen. Nach einer langen Beziehung, die vor zwei Jahren zu Ende gegangen ist, bin ich nun froh, dass wir es so schön haben.« Die Erzählungen über Plätze, Menschen und Orte rauschten an mir vorbei.

»Und weißt du, wie wir uns kennengelernt haben?«, fragte sie. »Der ab-so-lu-te Zufall!« Frauen lieben Zufälle und alles, was nach Schicksal aussieht. Mich hat schon als Jugendlicher ein Klient meines Vaters besonders beeindruckt, der dieses Phänomen für sich zu nutzen wusste: Peter Kairos düste als immerhin schon 48-jähriger Frauenfänger durch Hamburg. Porsche? Selbstredend! Als 16-jähriger Inspizient seines PS-starken Geschosses interessierten mich aber vor allem die Trockenblumensträußchen unter jener Haube, unter der ich fälschlicherweise den Motor vermutete. In Wirklichkeit fand sich darin die Antriebsquelle der amourösen Abenteuer dieses graugewellten Gewerbetreibenden, der es offensichtlich am liebsten von hinten mochte. Denn immer, wenn Peter Kairos eine attraktive Frau in einem anderen Fahrzeug entdeckte – dabei spielte es gar keine Rolle, ob sie allein oder in Begleitung fuhr –, rammte er beherzt deren Stoßstange, um sich sogleich mit einer eindrucksvollen Visitenkarte und einem Trockenblumensträußchen, das er, angeblich auf dem Weg zu seiner kranken Mutter, dabeihatte, blumig zu entschuldigen. Die Damen erkannten einen edlen Ritter im weißen Porsche. Der Kartenaustausch erfolgte selbstverständlich nur wegen der Versicherung. Der stadtbekannte und notorische Bauträger melkte beim kurz darauf folgenden Abendessen à deux die Tatsache, dass viele Frauen nur zu gern an eine »Fügung« glauben, also daran, dass eine höhere Stelle ihre Wünsche nach einem attraktiven, interessanten Mann erhört hat und nun der Himmel diesen romantischen Menschen geschickt habe.

Der Mann hatte indessen einen geplanten und keineswegs nur einen zufälligen Entwurf des »rechten Augenblicks«. Er kalkulierte, dass viele Frauen pseudoesoterische Bücher wie »Bestellung ans Universum« im Bücherregal haben, die diesen Glauben unterstreichen. Werke, die Anleitungen in einer Mischung aus Voodoo und modernen Beschwörungsformeln bieten und deren Versprechen es ist, das Glück in Form eines männlichen Wesens quasi herbeizumurmeln.

Gabriella sah mich an. »Wir hatten Jahrgangstreffen unserer Schule«, sagte sie. »Er zehn Jahre Abi, ich fünfzehn. Wir kommen aus dem gleichen Ort, kannten uns aber nicht.« Fast drohte die banale Geschichte des Wiedersehens eines Schulfreundes zur Schicksalserzählung auszuarten. Ich fixierte ihre Augen. Alles Quark, dachte ich mir, sie ist unglücklich mit sich, mit ihm, mit der Situation. Ihre Darstellung passte einfach nicht zu dem, was ihre Augen und ihre Körperhaltung ausdrückten. Für meine Vermutung gab es sonst aber noch nicht einmal das kleinste Anzeichen, geschweige denn einen Anlass. Beide herzten und drückten sich, küssten sich oft und sprachen begeistert von ihrer bevorstehenden Reise auf die Malediven.

Zurück zu Hause, rief ich eine Freundin an, die Gabriella und Matthias ebenfalls kannte. »Aber nein«, sagte Martina, die Moderatorin beim öffentlich-rechtlichen Hörfunk war. »Du und deine Ideen, das ist ein total verliebtes Paar. Sooo süüß. Die waren gerade zum Brunch hier, die lieben sich wirklich. Und wie nett die miteinander umgehen. So eine Beziehung wünscht sich doch jede Frau.« Eine weitere Bekannte äußerte sich ähnlich.

Wenige Tage später bekam ich eine SMS auf mein Handy. Wenn du mal in Hamburg bist und so weiter und so fort. Menü, Antwort: »gerne bald mal, gruss r.« Menü, Optionen, Nachricht gesendet.

Wir trafen uns unmittelbar nach Gabriellas und Matthias' Rückkehr von den Malediven in einem Restaurant in Hamburg. Das »Nil« ist unprätentiös gestylt und verströmt die Aura weltstädtischen Flairs, ohne die anstrengenden Allüren eines dieser betulichen »Ich-sehe-aus-wie-in-New-York«-Restaurants. Kurzum, es ist ein Ort, an dem man sich wohlfühlt und gut unterhalten kann. Draußen war es kalt. Die klamme Feuchtigkeit des Nieselregens kroch mir an den Beinen hoch, als wir gemeinsam das Lokal betraten. Mit der Atmosphäre des »Warum-treffen-wir-beide-uns-eigentlich-hier« in der Luft, begannen wir ein etwas förmliches Gespräch, dessen äußeres Merkmal, halb fröstelnd, halb wallend, verschränkte Arme waren. Jeder gab etwas Kleines aus seinem Leben preis, und die Situation entspannte sich ganz langsam. »Bestellen wir doch mal etwas zu essen!« ist ein beliebter Hilferuf in solcher Notsituation. Nachdem wir über dieses und jenes, das Leben im Allgemeinen und im Besonderen geplaudert hatten, kamen wir auf Matthias und wie es ihm gehe.

»Matthias und ich«, sagte Gabriella nach einem kurzen Zögern, »wir haben uns am vergangenen Freitag nach unserer Rückkehr von den Malediven getrennt.« Nun konnte ich ja schlecht sagen: »Ich weiß«, oder gar: »Bingo!« Mir wurde bewusst, dass vor mir wieder einmal eine überaus attraktive und erfolgreiche junge Frau saß, die offensichtlich das Gefühl hatte, immer an den falschen Mann zu geraten, beziehungsweise, noch viel schlimmer, unfähig dazu zu sein, jemanden an sich zu binden oder ihn gar zu einem Eheversprechen bewegen zu können, also unfähig zum Wichtigsten im Leben vieler Frauen zu sein, nämlich eine intakte, langfristige Beziehung zu führen. Folglich hielt ich mich zurück und ließ Gabriella erzählen, und in ihrer Geschichte tat sich eine haarsträubende, aber gar nicht so ungewöhnliche Beziehungsfalle auf. Matthias hatte während der Beziehung Kontakt zu seiner Exfreundin und deren Kind behalten. Dabei benutzte er das liebgewonnene, aber nicht leibliche Kind als willkommenen Vorwand und Rechtfertigung, seine Exfreundin regelmäßig zu sehen. Er hatte, wie sich durch einen aktuellen Anruf wenige Tage zuvor herausstellte, im fernen München sogar ein ganz regelmäßiges Verhältnis zu dieser Frau. Damit nicht genug: Blass und in der für Verletzte und Verlassene üblichen Detailliertheit der Darstellung der Ereignisse (»Dann schickte er mir eine SMS, nein, ich schickte ihm zuerst eine, und dann antwortete er ...«), die helfen soll, das Unbegreifliche zu fassen, es abzubilden, vielleicht sogar zu verstehen, erzählte mir Gabriella von dem dauerhaften Betrug und wie geschickt Matthias es verstanden hatte, sie »zu parken«, wenn ihm nicht nach ihr war, um diese »Liebe« kurz darauf wieder zu aktivieren und die Beziehung mit ihr fortzusetzen. Es ist ein Jo-

Jo-Spiel, bei dem Männer es hervorragend verstehen, eine Partnerin nach Belieben zurückzuweisen und unter Darbietung der tollsten Entschuldigungen wieder für sich zu gewinnen. Leider verstehen die meisten Frauen nicht, dass es keineswegs um Gefühle geht. Dieses Verhalten ist ein Spiel, bei dem es um die Ausübung von Macht und die Stärkung des eigenen Selbstwertgefühls geht, und es ist für Männer besonders dann interessant, wenn es sich bei dem »Gegner« – also der Frau – um eine besonders attraktive und stark wirkende Persönlichkeit handelt. Dann wird dieser Spieltrieb leicht zur Spielsucht. Mit dem Trieb ist dabei keineswegs die Sexualität des Mannes gemeint. Es geht darum, sich selbst zu erhöhen, sich über jemanden stellen zu können, den man eigentlich für überlegen hält. Meist funktioniert dieses Schema bei Männern, die sich darüber wundern, dass sie diese Frau überhaupt für sich gewinnen konnten. Es ist wie ein erster Glückssieg, das bekannte Anfängerglück beim Roulette, das einen Rausch des Erfolgs hervorbringen kann. Dieses »Ich kann alles schaffen, ich bin der Größte« soll nicht enden. Und damit beginnt eine unheilvolle Spirale, die äußerst subtil abläuft: Der Unterlegene wächst – zum Nachteil seiner nichts ahnenden Partnerin – über sich hinaus. »Mal sehen, was ich da alles treiben kann« ist gleichbedeutend mit Erfolgserlebnissen, die ausschließlich destruktiv sind und zulasten eines anderen Menschen gehen. Und richtig, das muss eine Frau auch erst einmal mitmachen. Frauen, die diesem Muster auf den Leim gehen, sind in die Rolle des »Opfers« gefallen. Jeder ist in seinem Leben einmal

Opfer und auch mal Täter. Frauen jedoch gehen besonders oft in diese Falle, weil sie so erzogen wurden, weil die Werte unserer Gesellschaft sich längst nicht so nachhaltig verändert haben, wie es mutigen Frauenrechtlerinnen in den vergangenen dreißig Jahren bei den Rahmenbedingungen für Frauen in unserer Gesellschaft gelungen ist.

Immer wieder einem Mann ungewollt in die »Falle« zu gehen ist also ein Muster, das einem unsichtbaren Programm folgt. Es braucht dazu ein Opfer und einen Täter. Gehen wir zunächst weiter auf die Motive der Täter ein. Die größte Gruppe dieser Männer findet es stimulierend, bewusst oder unbewusst Streit und Trennungen zu inszenieren. Zum einen, um damit Freiraum für andere Abenteuer zu haben (»Wir waren in dem Zeitraum ja schließlich nicht zusammen«), aber auch, um zu sehen, inwieweit ihre Attraktivität ausreichend ist, die Ex nach Belieben wieder für sich zu gewinnen. Je öfter dieses »Jo-Jo« stattfindet, desto befriedigender. Der Täter – und ich möchte natürlich nicht ausschließen, dass auch Frauen Täter sein können – hat so die Möglichkeit, seine Macht zu beweisen und sich seiner Spielerleidenschaft hinzugeben. »Einmal schaffe ich das noch, einmal bekomme ich sie noch rum«, lautet der erniedrigende und überaus verletzende Mechanismus, der letztlich aus einer Schwäche geboren wird. Das größte Problem ist dabei die Tatsache, dass mit jeder Trennung die Dosis erhöht wird. Noch schmerzhafter, noch erniedrigender soll diese vonstattengehen, um zu prüfen, ob ein Zusammenkommen nach dem verbalen – und mitunter auch körperlich gewalttätigen – Super-Gau bewerkstelligt werden kann. Die Idee dabei: Wenn ich das noch schaffe, dann muss meine Attraktivität für sie unglaublich hoch sein. So bitter das klingt, aber es geht natürlich gar nicht um die Partnerin, um ihr Wesen, ihre Person oder gar die Beziehung als solche, sondern einzig um das allmächtige Gefühl, auch diese extreme Trennungssituation (»Verschwinde, ich will dich nie wieder sehen!«) wenige Tage oder Wochen später abermals auffangen zu können. Männer mit Minderwertigkeits-gefühlen benutzen Frauen und deren Sehnsüchte nach einer intakten Beziehung dazu, ihr Selbstwertgefühl durch diese »Spielchen« aufzuwerten.

So hatte auch Gabriella ihrem Matthias einmal wieder verziehen und war mit ihm auf die Malediven gereist. Sie wusste, er hatte sie mehrmals verlassen, sie hatte Kenntnis von seinen Abenteuern und von der Tatsache, dass er sie mit seiner Exfreundin betrogen hatte. Die Frage, warum sie ihm nachgegeben hatte, kann sie durchaus erklären. Da fallen stets die gleichen Worte, wird von »Kämpfen für die Beziehung« gesprochen, davon, »zu jemandem zu stehen, auch wenn es nicht so läuft«, und argumentiert, »er ist eigentlich ja ganz anders«. Nichts ist zu banal, um als Ausrede dankbar angenommen zu werden. Wenn Frauen die Augen verschließen wollen, dann machen sie nicht nur die zu, sie verkleben sich auch noch die Ohren. Freunde und Freundinnen kommen nicht mehr an die betroffene Person heran, Ratschläge helfen nicht. Es sind typische Symptome einer Sucht, die sich wie bei Alkoholikern auch auf nahestehende Familienmitglieder oder den Partner übertragen. Sie werden zu sogenannten Co-Abhängigen oder Co-Süchtigen. Also nicht nur der Täter ist süchtig, sondern auch das Opfer gerät in eine Abhängigkeit. Rationale Argumente, die von außen vorgetragen werden, greifen nicht mehr. Möglicherweise werden sie noch erfasst, umsetzen kann das Opfer die Empfehlungen und Ratschläge jedoch nicht. Im Gegenteil: Misstrauen, Angst und Wut richten sich nicht mehr gegen den Täter, sondern gegen jene, die es eigentlich »gut« meinen. Viele Freundinnen, die im Übrigen später gern behaupten, der Typ sei ihnen ja von Anfang an komisch vorgekommen, kennen diese Situation. Sie werden plötzlich zum Wutobjekt des Opfers, geraten mit diesem in Streit, und nicht selten zerbrechen langjährige Freundinnenbeziehungen, weil das Opfer die beste Vertraute beschuldigt, zum Beispiel eigentlich selbst am Täter interessiert zu sein oder andere Motive zu haben. Viele nahestehende Personen resignieren gegenüber diesem Verhalten und ziehen sich zurück, weil ihnen die Struktur des Problems nicht als so offensichtlich krank erscheint, wie dies bei Alkoholismus, Drogen oder Essstörungen der Fall wäre. Damit gerät das Opfer in die Isolation und ist dem Täter noch schutzloser ausgeliefert.

Natürlich wuchs auf der einsamen Insel der Druck zwischen Gabriella und Matthias, sich mit den Geschehnissen auseinanderzusetzen. Streit und Versöhnung wechselten sich fast im Stundenrhythmus ab. Einer Trennung steht dabei gelegentlich auch im Weg, dass die Aggressivität, die ein derartiger Streitprozess mit sich bringt, eine erhebliche sexuelle Stimulanz darstellt. Diese sexuelle Attraktivität versperrt jedoch den klaren Blick auf die Dinge und erscheint als etwas Positives. Statt es als das zu sehen, was es ist – ein guter Fick –, neigen Frauen dazu, in diese Tatsache einen Beleg für »etwas Gutes an der Beziehung« hineinzuinterpretieren. Das hemmt die Entscheidung, auseinanderzugehen. Männer sind da weit weniger emotional und sehen in gutem Sex erst dann einen Wert, wenn sie ihn allein, im Bett liegend, wieder dringend brauchen. Dann scrollen sie durch die Telefonliste im Handy, in der auch noch die allerletzte Kellnerin aus dem letzten Urlaub mit den Jungs auf Kreta von vor zehn Jahren nicht gelöscht wurde, und beginnen einen Rundruf.

Erst als nach der Rückkehr von den Malediven die Exfreundin von Matthias bei Gabriella anrief, um zu fragen, ob sie schon wisse, wer Mara sei und welche Rolle diese in Matthias' Leben spiele, kam es zur endgültigen Trennung. Auch das ist nicht ungewöhnlich. Serientäter wie Matthias fliegen erst dann endgültig auf, wenn sich die beteiligten Opfer untereinander verständigen. Bis dahin war er fast ausnahmslos in der Lage, die Situation zu befrieden, sei es durch noch so haarsträubende Ausreden und Erklärungen. Mara war eine weitere Leidenschaft von Matthias, ein Mädchen aus Stuttgart, von dem die beiden anderen bisher nichts gewusst hatten.

Während des Gesprächs wurde so etwas wie eine Struktur in Gabriellas Leben erkennbar, und es war möglich, Vergleiche zu anderen Beziehungen zu finden, die sie hatte. Diese unglaublich attraktive Frau wurde in ihren Beziehungen fast immer betrogen. Oftmals wurde sie durch Männer, mit denen sie in einem Fall sogar eine sehr lange, eheähnliche Verbindung hatte, zurückgewiesen und heftig verletzt. So erzählte sie mir von ihrem Verlobten, Richard König, einem Modefotografen, dessen eigentlicher Traum es war, ein angesehener Künstler zu sein, der aber sein Geld im Wesentlichen mit Modefotos für Versandhauskataloge verdiente. Seine Fotoserie von Krankenschwestern in allen Lebenslagen war aber auch schon einmal unter dem Titel »Nurses« in einer kleinen Hamburger Galerie ausgestellt worden.

Dieser Richard war während seiner Beziehung mit Gabriella ausgeprägt eifersüchtig und besitzergreifend. Trotz vieler kleiner Hilfestellungen und Hinweise konnte er sich innerhalb von zehn Jahren mit Gabriella nicht zu einem Heiratsantrag entschließen. Als sie von ihm schwanger wurde, nahm er eine ablehnende Haltung ein und orientierte sich merklich um. Auf den plötzlichen Abort des Kindes im dritten Monat reagierte er mit Erleichterung und kommunizierte das auch so bei Freunden und Verwandten. Später wurden mehrere Affären und Liebschaften bekannt, die Richard während ihrer Beziehung, insbesondere aber während der Schwangerschaft hatte.

Dass Richard Gabriella betrog und zugleich selbst in hohem Maße eifersüchtig war, stellt keinen Widerspruch dar, sondern ist sogar die Regel. Menschen fast aller Kulturen empfinden Eifersucht. Letztlich versuchen die Partner sich gegenseitig sexuell und emotional zu monopolisieren. Allein schon die Angst vor der Untreue löst Gefühle wie Verzweiflung, Rage oder gar Depressionen aus. Eifersucht, so der amerikanische Psychologieprofessor David Buss, fällt damit in die Kategorie der sogenannten »human universals«, also der elementaren Gefühle wie Hass, Zorn oder Angst. Buss und seine Kollegen sind Evolutionsforscher und versuchen sich dem Thema Eifersucht als Produkt darwinistischer Selektion zu nähern. Basis ist die simple Erkenntnis, dass Eifersucht der Fortpflanzung dient. Dabei ist Erotik im Kontext der Sexualität nur ein evolutionäres Belohnungsprogramm, um die Fortpflanzung zu sichern.

Um sicherzustellen, dass der Ressourcenverbrauch bei der langwierigen Erziehung der Kinder nicht einem Kuckuckskind zugutekommt, muss der Mann quasi gewährleisten, dass nur er während der fruchtbaren Tage der Frau zum Zuge kommt. Alles andere würde dem Erhalt der eigenen Gene widersprechen. Frauen hingegen, so meinen die Forscher, sähen den sexuellen Aspekt weniger dramatisch als den emotionalen. Sie leite hauptsächlich die Angst vor einer emotionalen Bindung »ihres« Mannes zu einer anderen Frau, die dann zu einer Umleitung von Versorgungsressourcen führen könnte. Man kann die Sache aber auch etwas weniger wissenschaftlich betrachten. Dass er rasend eifersüchtig ist, hat sicherlich mit mangelndem Vertrauen zu tun. Dabei ist möglicherweise ausschlaggebend, dass er sich ihr gegenüber unterlegen fühlt, seine eigene Attraktivität wesentlich geringer einschätzt, als es ihr erscheint. Auf der anderen Seite ist übertriebene Eifersucht auch immer ein relativ sicheres Zeichen dafür, dass er selbst fremdgeht. Wie soll er ihr auch vertrauen, wenn er noch nicht einmal sich selbst vertrauen kann. Das Thema Misstrauen ist durch seine eigenen Seitensprünge präsent. Das schlechte Gewissen kumuliert in einer Projektion, in der er ihr eben genau dieses (Fehl-)Verhalten vorwirft. Liest man »rückwärts«, erfährt man – was für alle Vorwürfe gilt – ihre wahren Hintergründe.

Für viele Frauen – insbesondere solche, die sich gleichermaßen durch hohe Attraktivität und Erfolg auszeichnen – steht dennoch die Frage im Vordergrund: Welchen Fehler habe ich gemacht, und wie kann ich ihn in Zukunft vermeiden? Dabei geht es in Wahrheit gar nicht in erster Linie um sie selbst. Eigentlich beginnt alles mit der Auswahl des richtigen Kerls. Aber statt sich der Frage zu widmen, wie die Auswahl des Richtigen zustande kommt, welche Attribute man immer wieder sucht und welche Muster der Auswahl zugrunde liegen könnten, verwenden Frauen unfassbare Energie darauf, sich den stets Falschen »passend« zu machen, und versuchen, durch ihren positiven Einfluss den Kerl umzuerziehen. »Eigentlich ist er ja ganz anders« ist der Schlüsselsatz dieser verzweifelten Schatzsucherinnen. Um es bildhaft auszudrücken: Wenn man sich nach dem Adler der Lüfte sehnt, mit dem man die große Freiheit zu erleben hofft, sich aber stets

Haifische aussucht, denen man dann das Fliegen beibringen will, wird man immer wieder die Erfahrung machen, dass Haifische gar nicht fliegen lernen wollen, aber gelegentlich gern ein Vögelchen fressen.

Das Geheimnis einer gesunden Beziehung liegt also weniger in ihrem Verlauf als in ihrem Beginn. Wie verwirrend die Signale für Frauen im gegengeschlechtlichen Auswahlverfahren sein können, welche versteckten Programme dem zugrunde liegen und wie Männer diese Verwirrung intuitiv nutzen, um an relativ nahe liegende Ziele zu gelangen, darauf möchte ich im Folgenden eingehen.

Das Vielleichtchen –
eine Blume der Hoffnung

Die wahrscheinlich größte weibliche Falle ist Hoffnung und mit ihr die Neigung von Frauen, das, was sie an einem Partner haben, zu idealisieren, es in ein besseres (ein romantischeres) Licht zu rücken. Ein genetischer Defekt, ein Missverständnis der Natur, ist es doch kaum je zum Besten der Beteiligten. Weder unter dem Gesichtspunkt der Arterhaltung noch unter jenem des persönlichen Glücks. Dennoch finden sich auf der Streuwiese wild wachsender Gefühle viele jener Blumen, die ich »Vielleichtchen« nenne, Frauen, die mit einem »Stino«, einem stinknormalen Partner, zusammen sind, mit dem es aber wieder einmal nicht so richtig läuft.

Die klassische Stino-Beziehung basiert darauf, dass Frauen sich nicht vorstellen können oder wollen, dass Männer auch ohne große Gefühle mal ein paar Monate, aus denen dann unversehens ein paar Jahre und oftmals ganze Ehen werden, mit ihnen zusammen sind. Die Gründe dafür sind vielfältig. Vielleicht war der Mann einfach nur betrunken, als er seine zukünftige Partnerin in einer Bar anquatschte, ein anderer suchte vielleicht gerade etwas Nähe, doch in 90 Prozent der Fälle geht es dann doch nur um Sex. Warum dafür zahlen, wenn man es mit etwas chou chou und süßem Gelaber auch so bekommen kann? Da wird von Herz, Schmerz und Beziehung geredet, es fallen Sätze wie: »Mit keiner Frau war ich bisher so offen wie mit dir. Eigentlich bin ich ja eher schüchtern, aber du bist etwas ganz Besonderes – das habe ich gleich gespürt.« Südländische Teilzeit-Don-Juans fahren gern auch härtere Geschütze auf, da heißt es dann: »Du kannst machen, was du willst, ich heirate dich sowieso irgendwann.« Es beeindruckt immer, wenn ein Mann versucht, mit großem Gerät zu vermitteln, sie sei die Frau fürs Leben (im ersten Gespräch!), dabei geht es ihm nur um Sex. Und natürlich würde sich ein Mann eher von einem Linienbus überrollen lassen, als das auch zu sagen. Der Fairness halber muss gesagt werden: Gäbe er zu, dass es ihm nur um Sex geht, würden seine Chancen, zum Zug zu kommen, gegen null tendieren, was Männer dazu verleitet, zu glauben, Frauen wollten ganz grundsätzlich betrogen werden. Sie geht also auf den charmanten Schmu gern ein, daraufhin mit ihm ins Bett, und unversehens ist »So-was-wie-eine-Beziehung« daraus geworden. Die beiden haben sich nicht verliebt, aber sie sind »zusammengekommen«. Wahrscheinlich die schrecklichste Formulierung für den Beginn einer Partnerschaft. Sie kann sich gar nicht vorstellen, dass er mit ihr zusammen ist, ohne wahre Gefühle zu haben. Viele Frauen haben große Probleme, bei einem Mann zwischen Gefühl und Pathos, zwischen wahrer Emotion und Sentimentalität zu unterscheiden. Männer neigen in Beziehungen zum Pathos –

oft aus Fernsehen, Film oder Musik angelernt –, weil ihnen eine eigene Gefühls- und Herzensbildung teilweise abgeht. Das ist ein Umstand, den sich Frauen weder vorstellen können noch überhaupt in Betracht ziehen, was eine Fallenstellung so schwer erkennbar macht. Es mag schockieren, wenn man behauptet, dass diese Konstellation ganz alltäglich ist, nicht nur in den meisten Beziehungen, sondern auch in vielen Ehen. Wenn Paare davon erzählen, dass sie »dann und dann zusammengekommen sind«, meinen sie das leider oft nicht im übertragenen sondern im eigentlichen Sinn. Er war besoffen, dann hatten sie bei ihr Sex, dann haben sie sich mehrere Monate lang gesehen, irgendwann sind sie mangels Alternative zusammengezogen und haben dann geheiratet, weil ein Kind unterwegs war. Hallo? »Sie haben einen Mann geheiratet, den Sie einmal besoffen mit nach Hause genommen haben?« – »Na ja, das klingt jetzt so, aber eigentlich war es natürlich ganz anders!« Wirklich? Für Beziehungen und besonders für ihre Anfänge gilt die goldene Regel: Es ist so schlimm, wie es klingt. Wort für Wort. Wenn man sich beim detailgetreuen Erzählen der eigenen Geschichte denkt: »Oh Gott, für einen Außenstehenden muss das ja wirklich furchtbar klingen«, sitzt man schon in der Falle. Diesmal allerdings in der eigenen. Viele Frauen erzählen ihren Freundinnen relativ wahrheitsgetreu, was sich in ihrem Beziehungsleben so alles tut; viel schwieriger ist es aber, eine Konsequenz – am besten die richtige – daraus zu ziehen. Der Kernsatz hoffnungsvollen Selbstbetrugs lautet: »Das klingt jetzt blöd, aber so ist es ja eigentlich gar nicht.« Doch! Es ist genau so. Es ist nämlich nie anders, als es klingt. Es wird nur überzeichnet von der eigenen Hoffnung und der nie endenden weiblichen Bereitschaft, die Fehler des eigenen Partners zu relativieren und zu entschuldigen. Dabei haben diese Erklärungssätze eine Gemeinsamkeit. Sie beginnen mit: »Vielleicht ...«, weshalb dieser Typ Frau auch zur Sorte der Vielleichtchens gehört. Entschuldigungen sind ihr Geschäft, vorgetragen im Namen anderer, die das nur zu gern in Anspruch nehmen.

Alle werden von ihr mit Blumen bedacht: einfache Stino-Kerle ebenso wie verheiratete Männer, die Ich-komme-gerade-aus-einer-Beziehung-Typen ebenso wie der Meine-Ehe-ist-die-Hölle-Mann, die Alle-zwei-Wochen-Rhythmus-Gestörten, die Bad Boys, die Nicht-bereit-Experten, die Zögerer und Zauderer, die Weiße-Schleier-Hasser, Sexmuffel und Kuschelhasen und natürlich die notorischen »Dr. Kimbles«, auf der Flucht vor was auch immer. Für sie alle findet das Vielleichtchen Entschuldigungen. Und das Beste daran ist: Männer brauchen sich selbst gar nicht die Mühe zu machen, irgendetwas selbst zu entschuldigen. Das Vielleichtchen übernimmt diese Aufgabe nur zu bereitwillig, und sei die Erklärung noch so absurd.

So war es auch bei Mara aus Stuttgart, die meinte, schuld daran zu sein, dass ihr wesentlich älterer Freund eine Partnerannonce aufgegeben hatte und aktiv nach einer anderen Frau suchte. Nur eines wollte sie partout nicht wahrhaben: dass der Kerl sie zwar irgendwie ganz gut fand und manchmal auch gern mit ihr ins Bett ging, sie aber eben nicht die Frau fürs Leben war. Nicht die einzige, die wahre. Vielleichtchen stellen sich stattdessen auf den nächtlichen Irrwegen des Beziehungsmanagements Fragen wie diese: »Vielleicht wäre es anders gekommen, wenn ich nicht am ersten Tag mit ihm ins Bett gegangen wäre?« Wahlweise nach zwei, drei, fünf Tagen: »Oder habe ich ihn gar zu lange warten lassen? Jetzt ruft er nicht mehr an, woran mag das liegen?«

Dr. Isabel Sauerbruch ist eine attraktive und leidenschaftliche Frau von 34 Jahren. Sie arbeitet als Fachärztin in einem großen Hamburger Krankenhaus und ist im Kopf mit den kurzen, schnellen Drähten ausgestattet. Im Job gibt sie den dominanten Zerberus, den Alleslöser und Problembewältiger mit Durchblick und schneller Schnauze. Im Beziehungsleben hingegen hält sie es eher mit Sisyphus. Tendenziell ist der Stein immer zu schwer und gerade wieder dabei, herunterzurollen. Es läuft eigentlich immer gleich ab. Isabel ruft mit der »Ich-glaube-ich-habe-gerade-jemanden-kennengelernt-Stimme« an und könnte euphorischer nicht sein. Der Typ ist ihr mit seinem Porsche hinten aufgefahren und hatte (»Stell dir vor, was für ein Zufall«) direkt ein kleines Trockenblumensträußchen zur Hand. Er ist zwar schon etwas älter, aber sehr nett, aufmerksam, hat einen guten Job und sie jetzt schon dreimal zum Essen ausgeführt. Beim zweiten Mal hat sie mit ihm geschlafen, nach dem dritten Essen auch, und jetzt hat er sich schon über eine Woche nicht mehr gemeldet.

Dafür sucht sie nun eine Erklärung. Isabel ist sich nicht zu schade, mich zu bitten, bei ihr auf den AB zu sprechen, um zu testen, dass der auch funktioniert. Sie hat die Stecker von Computermodem und Telefonanschluss raus- und wieder reingesteckt, weil »manchmal vertauscht man die ja«. Die Sache gipfelt in dem Satz: »Vielleicht ist ihm ja etwas zugestoßen, und er kann sich jetzt nicht melden. Vielleicht ist er ja auch beim Mountainbiking vom Rad gefallen und liegt jetzt allein im Stadtwald. Vielleicht ist er aber auch in der Sauna ins Koma gefallen oder hat seit einer Woche einen Totalverlust der Stimme mit gleichzeitigem Fingerbruch (wegen nicht geschriebener Kurznachrichten).« Isabel hat die Antwort jedoch schon parat: »Vielleicht hat er sein Handy verloren!« Genau. So war's. Ich habe Isabel sogar im Verdacht, manchmal zu Hause zu bleiben, weil sie weiß, dass er ihre Festnetznummer hat und sie nicht sicher ist, ob sie ihm die Handynummer gegeben hat. Alle Optionen werden nun von ihr durchgefragt: »Vielleicht hat es ihn beim letzten Mal körperlich etwas abgestoßen. Vielleicht hat er ja auch gerade wahnsinnig viel zu tun.«

Was kann man dazu dann sagen? Dass der Typ die Abende ganz nett fand, den Sex ganz geil, aber schlichtweg nun nicht mehr an sie denkt? Dass er einfach keine Lust auf sie hat, es einfach vergisst, sich zu melden, es keine Wichtigkeit für ihn hat? Dass seine Tage einfach so ins Land gehen, dass er in genau vier Tagen an Sex mit ihr denkt, dann bei ihr anruft und versucht, so zu tun, als wäre nichts gewesen? Wie erklärt man das einer guten

Freundin? Man hört zu und lässt sie jede mögliche Entschuldigung für das Fehlverhalten eines beziehungsge-
störten Casanovas aufzählen, um sie nicht zu verletzen.
Wer in solchen Situationen meint, den kleinen Hiob geben zu müssen, wird mit direktem Tritt im Orchestergra-
ben versenkt und darf nicht einmal mehr als Souffleuse
dienen. Ausgenommen davon sind nur schwule Ballett-
tänzer.

Der Alle-zwei-Wochen-Mann

Isabel ist in die »Alle-zwei-Wochen-Falle« getappt. Ein Erlebnis, das schlimmer nicht sein könnte, weil es Frauen auf einen Gegenstand reduziert, den man gedankenlos (im wahrsten Sinne des Wortes) und nach Belieben benutzen kann. Ihr Liebhaber hat einfach vergessen, sich an Isabel zu erinnern. Ja, vergessen, sich zu erinnern. Das klingt für Frauen, besonders wenn sie gerade emotional involviert sind, höchst irritierend, ist für Männer aber keine allzu große Sache. Schließlich hat Mann sich ja nicht verliebt. Der tut nix, der will nur spielen. Tatsächlich ist es so banal. Meint es ein Mann dagegen ernst mit einer Frau, setzt er Himmel und Hölle in Bewegung, um sie zu erobern. Das Thema beschäftigt ihn von morgens in der Aufwachphase bis abends vor dem Einschlafen. Da werden Freunde befragt, Adressen herausgefunden, Geschenke gemacht, Ideen entwickelt, Aufmerksamkeiten erdacht, wird angerufen, werden Hunderte von SMS gesendet, CDs gebrannt, Reisen geplant, wird unter dem Fenster gesungen (wie bei meiner Schwester Geraldine mitten in der Stadt unter dem Balkon eines Mietshauses), werden Gedichte geschrieben, wird sich bisweilen in hohem Maße lächerlich gemacht, werden Luftballons zum Steigen gebracht, wird sich kindlich mit Statussymbolen produziert und natürlich bei jeder erdenklichen Gelegenheit die neue Flamme vorgezeigt. Euphorisch und mit dem Unterton des Besitzers eines neuen Sportwagens wird sie vorgestellt, präsentiert und stolz beworben. Ein Mann, der aufrichtiges Interesse an einer Frau hat, versetzt Berge, um sie zu finden, er lässt ihr Nachrichten zukommen, inseriert in der Zeitung, schickt Blumen, erzählt allen Freunden davon (und diese wiederum ihr), weint vielleicht in ihrer Gegenwart am Bahnhof, ist überschwänglich, wird zu einem Angeber, wie es sonst nur unerfahrene Jungs sind, ist nervös, kann die Finger nicht von seiner Eroberung lassen, versucht sie dauernd zu küssen, redet schon nach wenigen Minuten von der großen Liebe und wird nicht zögern, ihr ruck, zuck einen Heiratsantrag zu machen. Warum? Weil die meisten Männer höchst wettbewerbsorientiert sind und der Heiratsantrag so etwas wie eine »Die-nehme-ich-vom-Markt-Offerte« ist. Er ist so wahnsinnig stolz und verliebt, da soll ihm bloß kein Wettbewerber dazwischenkommen. Das sind Botschaften eines ganz normal verliebten Mannes.

Was tut man, wenn ein Mann nun keine dieser Reaktionen zeigt? Ihn anrufen und sich in Erinnerung bringen? Vielleicht die naheliegendste Idee, auch wenn man dabei das Risiko eingeht, seine Selbstachtung zu verlieren. Oder man ruft an, um ihm zu sagen, wie sauer man ist, weil er sich nicht gemeldet hat. Und was bringt das?

Erleichterung oder vielleicht doch nur eine weitere Umdrehung in einer Spirale, die sich niemals in die gewünschte Richtung drehen wird? Ein Mann, der so belang- und gedankenlos agiert, ist gar kein sonderlich schlechter Kerl, keiner, der mit Vorsatz handelt, wie die Scheißkerle, die ich in den nachfolgenden Kapiteln beschreiben werde. Ihm ist sein »Date« einfach nur nicht wichtig genug, die Frau ist nicht wirklich sein Typ. Er findet es schön, sich mit ihr zu treffen, ganz unterhaltsam, vielleicht auch sexuell entspannend, aber er steht einfach nicht so auf sie. Ein Momentum in den Beziehungen zwischen Mann und Frau, das millionenfach vorkommt, das Frauen aber oft nicht realisieren wollen, ist: »Er steht nicht so auf mich.« Der Tatsache, dass es sich dabei um einen Regel- und keinesfalls um einen Einzelfall handelt, gilt es ins Auge zu sehen. Männer gehen viel leichtfertiger eine Affäre oder eine lose Bekanntschaft ein und definieren das, was Frauen für eine »Beziehung« halten, vollständig anders. Mit jemandem ins Bett zu gehen ist für einen Mann noch lange keine Beziehung, vielleicht eher so was wie ein Unterhaltungsprogramm mit sportlicher Komponente. Bei einer Frau zu übernachten bedeutet für einen Mann oft noch gar nichts, schließlich hat er ja nichts versprochen. Dass die Frau diese Situation anders deutet, ist dann ja nicht seine Schuld. Ich selbst kenne Männer, die mit Frauen zusammen in einer Wohnung wohnen, sich aber irgendwie immer noch als Single fühlen und folglich auch nichts Schlechtes damit verbinden, wenn sie deutliches Interesse an anderen Frauen zeigen.

»Ich rufe doch an, denn vielleicht spielt ja nicht er das Spiel, sondern ich spiele hier mein eigenes«, kommt als trotzige Replik von Isabel auf meine Warnung, die Finger vom bestens funktionierenden Telefon zu lassen. Es ist kein Spiel und schon gar nicht Isabels. Sie ist längst in die ungewollte Rolle der Reagierenden gefallen. Nein, der Mann, den sie da kennengelernt hat, will es auch nicht »vielleicht langsam angehen lassen«. Der will gar nix. Vielleicht manchmal etwas Nähe, etwas Sex oder Unterhaltung, weil Sonntagnachmittag ist und es mal wieder regnet, da vögelt man gern. Es gibt keine »komplizierten« Situationen mit Männern. Männer sind sehr einfach gestrickt. Wenn eine Situation mit einem Mann »kompliziert« ist, ist sie immer verlogen. Ohne Ausnahme. Das »komplizierte« Element im Leben eines Mannes ist zu hundert Prozent eine Ausrede, wie folgendes Beispiel deutlich macht:

Robert Faber ist ein gutaussehender Bursche mit kaum einem Mangel an den hübschesten Freundinnen. Er ist Architekt und stammt aus einer sehr guten Hamburger Familie, einer Dynastie von Technikern. Sein Großvater Walter war in den fünfziger Jahren Konstrukteur der legendären »Super Constellation« in Hamburg-Finkenwerder, worauf Robert sehr stolz ist. Über seinem Doppelbett schwebt eine Super-Conny mit vier Propellern, so groß, dass Roberts Frau Hanna manchmal die Düse geht. Auf einem Medientreff des Event-Gurus Manfred Schmidt verknallte sich Robert in meine Freundin Martina, eine extrovertierte Hörfunkmoderatorin, und unterhielt sich stundenlang mit ihr. Robert ist ein Typ, dem es schon immer außerordentlich leichtfiel, mit Frauen in Kontakt zu kommen. Er mag Frauen, hat sie aber immer eher dem Lebensbereich Unterhaltung zugeordnet als der Gefühlswelt. Dieser Robert, dem es keineswegs an Routine im Umgang mit Frauen fehlte, hatte sich bei Martina als geradezu schüchtern erwiesen und sich nicht getraut, nach der Handynummer der schönen Moderatorin zu fragen. Nun begann sein Dilemma. Zwar wusste er, wo sie arbeitet, aber das wussten eben auch sehr viele andere; ein Anruf bei der Sendeanstalt erschien ihm deshalb vollends aussichtslos. Schließlich hatte Robert sich verliebt und wollte keine Autogrammkarte geschickt bekommen. Zurückhalten konnte ihn das jedoch nicht, Robert war im Gegenteil geradezu herausgefordert von dieser Situation und entwickelte Pläne, der hübschen Frau vom Funk näherzukommen. Sein Freundeskreis war schon bald etwas genervt, weil er nur noch ein Thema kannte, aber Robert zog gekonnt alle Register. Eine Bekannte war Redakteurin bei der gleichen Rundfunkstation und versorgte ihn mit Informationen zum momentanen Liebesleben der Angebeteten, eine andere Bekannte fragte die »Zielperson« bei gemeinsamen Events und Veranstaltungen stets ein wenig aus. Er sandte Blumen in die Redaktion und Aufmerksamkeiten nach Hause und bekam schließlich von einer PR-Beraterin Martinas private Handynummer – unter dem heiligen Schwur, es niemals zu verraten. Daraufhin telefonierten Robert und Martina mitunter bis drei Uhr morgens, aber sonst ergab sich nichts. Die Medienschöne war mit einem älteren Mann liiert, den sie offensichtlich heiraten wollte. Robert war zwar befremdet darüber, wie barsch sie mit ihrem Verlobten umging, und besonders darüber, dass sie ihn mithören ließ, wenn er nachts bei ihr anrief, aber seiner Leidenschaft tat dies zunächst keinen Abbruch. Er mühte sich weiter und ersann neue Ideen, sich in Erinnerung zu rufen. Eine CD sollte es sein, mit einem Lied, das die Situation intelligent und mit Witz auf den Arm nahm. So weit, so schön, aber die CD, die Robert sich ausgesucht hatte, um sein Vorhaben in die Tat umzusetzen, war in ganz Deutschland ausverkauft. Einzig in Berlin gab es noch einen Laden, in dem sie erhältlich war. Robert engagierte – keine Kosten scheuend – einen Direktkurier, um die CD zu erwerben, und beschriftete das Cover selbst. Nachdem er erfahren hatte, dass Martina an diesem Tag nach New York fliegen würde, ließ Robert über einen Vorstand der Fluggesellschaft dann auch noch den Stationsleiter des Flughafens für seine Liebesgeschichte ansprechen. Er hatte die Aufgabe, die CD dem Purser auf dem Flug nach New York zu übergeben, was auch klappte. Informationen über den Flug hatte Robert von der befreundeten Redakteurin erhalten. Man könnte sagen, Robert war ein anderer. Sein Interesse war keinesfalls flüchtig und deutlich tiefer reichend, als es die üblichen Klischees des »Da ging es wohl um das Jagdfieber« vermuten lassen. Aus den beiden wurde schließlich tatsächlich ein Paar, denn sie waren sich ähnlich und hatten einander in gewisser Weise erkannt.

In dieser wahren Geschichte geht es darum, dass eine

Beziehung zwischen zwei Partnern auch wahrhaft beider Partner bedarf. Das klingt simpel. Robert beweist, dass ein Mann sich bei zwei verschiedenen Frauen durchaus auch sehr unterschiedlich verhalten kann. Letztlich hat allein sein Interesse an Martina und nicht, wie allgemein angenommen und immer gern ins Feld geführt, sein Charakter sein Verhalten geprägt. Wenn man so will, hat sein Interesse erst seine Haltung im Hinblick auf die besondere Situation einer Beziehung gebildet. Es gibt ältere, in der Ehe erfahrene Menschen, die gern behaupten, eine Ehe sei dann von langfristigem Glück und Zufriedenheit, wenn der Mann sich vor der Hochzeit wirklich lange und intensiv um die Frau bemühen musste. Grundsätzlich haben all diese Binsenweisheiten etwas Wahres an sich. Und der Kern dieser Botschaft lässt zumindest vermuten, dass das Auswahlverfahren der Angetrauten nicht beliebig, nicht von Selbstverständlichkeit geprägt sein sollte. Das Besondere, der Zauber des Einzigartigen, die Einschätzung, gerade diesen einen Menschen gefunden zu haben und dies als ultimativen Glücksfall im Leben zu betrachten, macht die Partnerschaft so langlebig und ihren Erhalt so kostbar. Wenn das nicht gegeben ist, sollte man sich fragen, ob diese Verbindung tatsächlich ein Leben lang hält oder es sich hierbei nicht vielmehr um eine »Notlösung« handelt.

Viele meiner weiblichen Bekannten scheinen nach dem Motto zu leben: »Vielleicht ist das ja immer noch besser, als gar keinen Mann zu haben.« Vor allem Frauen, die im Job stehen und über ihrer Arbeitsbelastung ignorieren, dass sie sich in einer »Alle-zwei-Wochen-Falle« befinden. Die Jahre vergehen, und der Mann an ihrer Seite ist nicht derjenige, dem man uneingeschränkt sein Herz geschenkt hat. Da werden Entschuldigungen vorgetragen, dass er eigentlich ein netter Kerl, der Sex nicht wirklich schlecht sei, und man selbst habe ja schließlich auch nie Zeit. Diese Rechtfertigungsform geht gern einher mit der Entschuldigung: »Vielleicht liegt es ja daran, dass ich einen ausfüllenden/engagierten/in Anspruch nehmenden Job mache und selbst keine Zeit habe.« So vergehen Monate und Jahre, die Unzufriedenheit steigt, die Jugend nimmt ab, und die Frustration setzt ein. Man kann diesen Typ Frau förmlich schon sagen hören: »Du hast mir die besten Jahre meines Lebens gestohlen.«

Der verheiratete Mann

Kaum eine Ausrede wird so facetten- und variantenreich ins Feld geführt wie diese: »Ich habe keine Zeit.« Die Variationen lauten: »Ich habe gerade furchtbar viel um die Ohren«, »In meiner Firma läuft es gerade nicht so gut« oder »Ich bin so viel auf Reisen, dass ich gar nicht zum Anrufen komme«. Das sind ausnahmslos Ausreden. Aber auch diese Spezies wird von den Vielleichtchen mit einer selbstgebastelten Entschuldigung bedacht. Geradezu unglaublich, was Männer alles so zu tun haben und dabei keine Minute finden, jemanden, der ihnen vorgeblich am Herzen liegt, anzurufen, obwohl es problemlos zu schaffen ist, Kurznachrichten auch aus wichtigsten Sitzungen zu senden, während das Handy auf »stumm« geschaltet ist.

Robert Faber ist als gutbeschäftigter Architekt viel international unterwegs. Sitzt er nicht im Flugzeug, dann garantiert in einem Meeting und kommt auch vor Mitternacht nicht heraus. Als Robert sich in die Rundfunkmoderatorin Martina verknallte, zischten die SMS nur so durch den mit Verliebtheit getränkten Äther. Aus Robert wurde ein Logistikfachmann in eigener Sache. Flugtransport für ihn, Taxi für sie, Hotel für beide am Stadtrand von Hamburg, Weiterflug für ihn, Hotel-Limousine für sie, und das Ganze drei Tage später in einer anderen Stadt. All das war ihm geradezu ein energetisches Bedürfnis, es bereitete keineswegs Beschwerlichkeit, sondern vielmehr Freude. Es ist faszinierend, was der Mann neben seinem Job alles zustande brachte, aber Robert war schließlich verliebt, da war ihm kein Weg zu weit, er hatte nicht gerade »vielleicht so viel um die Ohren, dass er keine Zeit hatte, sich zu melden«, und war auch keineswegs »so wichtig, dass er vielleicht anderes im Kopf hatte«, als seiner neuen Freundin eine Nachricht zu hinterlassen. Die schlechte Nachricht ist: Robert hatte erst zwei Jahre zuvor seine hübsche Frau Hanna geheiratet, die gerade im Begriff war, ihr zweites Kind zu bekommen und hochschwanger zu Hause saß. Die Frage, warum werdende Väter eine besondere Anfälligkeit für »Wechselbeziehungen« haben, ist an anderer Stelle zu diskutieren und würde den Rahmen dieses Buches sprengen. Die hübsche Radiomoderatorin Martina war nun selbst nicht gerade »schüchtern« oder gar »hilflos«. Sie ist Mutter einer sechs Jahre alten Tochter, deren Vater am gemeinsamen Leben nicht teilnimmt. Die Frau vom Funk hatte, mit Einkaufstüten in der Hand, knapp sieben Jahre zuvor an einer Ampel in der Innenstadt gewartet, und zwar auf Grün. Statt Grün sah die mit reichlich Spontaneität ausgestattete Schnellsprecherin, die in den Verkehrsnachrichten des Hörfunks aus einem Standstreifen schon mal einen »Standsteifen« machte und damit unfreiwillig komisch ihre Phantasien offenbarte, ein weißes VW Cabrio samt gutgeföhntem Fahrer, der im Begriff war, ordnungsgemäß vor der roten Ampel zu halten. Bei Martina mutierte das »Gehen wir zu mir oder zu dir« immer schon zu einem »Gehen wir zu mir, oder machen wir es gleich hier«. So öffnete Martina – schließlich hatte die Ampel inzwischen auf Grün geschaltet – die Beifahrertür des Cabrios und sagte zu dem verdutzten Fahrer: »Fahr mich nach Hause, ich mache uns Spaghetti.« Die Kohlenhydrate besorgten an diesem Nachmittag dann den Rest. Martinas Tochter nennt ihren leiblichen Vater, den sie so gut wir gar nicht kennt, aufgrund dessen graugewellter Frisur nur »Don Alimento«, was dieser gar nicht komisch findet. Er fühle sich herabgewürdigt, lässt er seine Tochter wissen. Außerdem solle sie doch bitte endlich aufhören, mit den Trockenblumensträußen aus seinem Auto »Hochzeitsdekoration« zu spielen.

Martina, die nun wirklich nicht dem Klischee des »Opfers« entspricht, hatte mit Robert ein verheiratetes, allerdings ein überaus attraktives verheiratetes Problem. Er war zwar ungewöhnlich aufmerksam und suchte fast rund um die Uhr Martinas Nähe, aber er hatte auch eine Frau und bald sogar zwei Kinder. So wurde aus Martina ein Vielleichtchen. Denn natürlich hat Robert keinen Zweifel daran gelassen, dass ihn seine Frau nicht mehr so sehr interessiert wie bisher. Seine Argumentation gegenüber Martina war überaus naheliegend: Seine Frau Hanna sei »ein Flittchen« und hätte Affären mit anderen Männern. Zugegeben, angesichts der Aktivitäten von Robert war das nicht die kreativste aller Erklärungen, aber unter dem Eindruck eines schlechten »Restgewissens« als Eingebung der eigenen Projektion erklärlich. Was hätte er auch sagen sollen? »Ich liebe euch beide, nur will ich von jeder etwas anderes«? Kaum vorstellbar. Also investierte Martina in Hoffnungswerte der Sorte: »Vielleicht braucht er einfach nur etwas Zeit, um sich über seine wahren Gefühle klarzuwerden.« Oder: »Vielleicht ist seine Frau ja wirklich so ein Flittchen, wie er behauptet.« In jedem Fall tappte Martina in eine Falle, in der viele Frauen, die Affären mit verheirateten Männern haben, oft jahrelang gefangen bleiben: »Vielleicht kann ich das ja abwarten und aussitzen. Am Ende wird er zu mir finden.« Leider wird er nie dorthin finden, und wenn, dann wird dieser Schritt sofort vollzogen, nachdem das verliebte Paar zusammengefunden hat. Es ist ein unmittelbarer Schritt, der ausschließlich von ihm initiiert werden kann. Ist ihm die Sache derart wichtig, dann wird er seine Ehefrau und Kinder sofort verlassen. Je länger die angeblich vorübergehende Situation andauert und damit auch von der Geliebten gebilligt wird, desto geringer ist die Wahrscheinlichkeit, dass sich die Hoffnung auf eine Klärung erfüllt. Hat die Affäre eine Haltbarkeitsdauer von sechs Monaten überschritten, ist die Sache aussichtslos geworden, denn er hat sich sehr bequem in der Situation eingerichtet und sieht keinerlei Veranlassung, diese komfortable Position zu verlassen. Dennoch lassen sich viele Frauen, teilweise über Jahre hinweg, mit dem Versprechen blenden, er würde seine Frau noch verlassen und zu ihr kommen. Dabei hat sie ihm geholfen, sich in einer Parallelwelt mit der Geliebten einzurichten. Die Ehefrau ist die perfekte Entschuldigung dafür, nicht fortwährend präsent zu sein. Oftmals möchten die beteiligten Fremdgänger gar keine dauerhafte Beziehung zu jener Frau, der sie diese Idee über Jahre vor die Nase halten wie einem Hasen die Karotte.

Es dauerte nicht lange, da wurde Roberts Ehefrau von Hamburgs Klatschbörse über ihren derzeit hohen Skandalstellenwert aufgeklärt. Offensichtlich war sie die Einzige, die keinen blassen Schimmer hatte, während sogar der italienische Kellner im »Café Opera« die Details der heißen Affäre aus den umliegenden Hotels zum Besten geben konnte. Die Ehe zwischen Robert und seiner Frau fand, wie man es vorhersehen konnte, ein jähes Ende. Doch – das war ebenfalls zu vermuten – auch Robert und Martina wurden kein Paar. Roberts Anrufe wurden seltener, er stellte fest, dass er irgendwie seine Kinder vermisst, und dass Martina ja schließlich selbst ein Kind hatte, das aber nicht das seine war. Martina versuchte die wilde Leidenschaft wiederzufinden und tröstete sich mit Entschuldigungen: »Vielleicht ist er ja noch von seiner Ehe traumatisiert und kann sich noch nicht auf etwas Neues einlassen.« Dabei hatte sie von Beginn an keine Chance, denn merke: Die Geliebte verliert immer. Zumindest in 99,5 Prozent der Fälle. Mir ist tatsächlich kein einziger Fall bekannt, bei dem ein Mann seine Ehefrau verlassen und sich dauerhaft für die Geliebte entschieden hat. Es gilt die goldene Regel: Solange er nicht ganz bei der

Geliebten ist, ist er ganz bei seiner Frau, auch wenn er anderes glauben machen will. So war es auch bei Martina und Robert. Robert bot seiner Frau Hanna schließlich eine Paartherapie an, Papi durfte wieder nach Hause, jedenfalls so lange, bis sich seine Frau ihrerseits einen Liebhaber gesucht hatte, was Robert vollkommen fassungslos machte. Unerhört! Jedenfalls etwas gänzlich anderes als die Sache mit Martina wenige Monate zuvor. Seitdem ist Robert auf Reisen. Von einer Flamme zur nächsten, nie an einem emotionalen Ort, dafür aber dank seiner Attraktivität mit immer wechselnden Freundinnen, die sämtlich allerhöchste Hoffnungen hegen, den schönen Robert auf der Flucht zu bekehren.

Dr. Kimble

Ich bin ein Scheidungskind und habe echte Probleme damit, Vertrauen zu fassen.« Wer diesen Satz hört, sollte die Notbremse des Liebeszuges ziehen, und zwar schnell. Unfassbar, welchen Blödsinn sich Frauen von Männern auftischen lassen, wenn diese nicht bereit sind, sich vollständig zu ihnen zu bekennen. Jede nur erdenkliche Ausrede wird herangezogen, um Nähe und Geborgenheit abzuwehren und die Beziehung auf einer Ebene kontrollierter Distanz zu halten. Zu wenig, um richtige Nähe bieten zu müssen, doch gerade genug, um nicht »Schluss zu machen«. Dieser Typ Mann ist immer auf der Flucht. Vor was genau, weiß er selbst nicht. Er ist keinesfalls in einer Beziehung und wäre durchaus in der Lage, sich frei zu bewegen, aber er zieht es vor, sich im wahrsten Wortsinne aus der Affäre zu ziehen. Seine Entschuldigungen dafür sind haarsträubend: »Ich habe wirklich gerade eine verrückte Zeit. Mein ganzes Leben steht Kopf.« Oder: »Ich muss mich gerade total auf mein/e Karriere/ Studium/Prüfungen konzentrieren.« All das sind Deklinationen des Satzes: »Ich brauche erst einmal Zeit für mich selbst«, den Klassiker im Ausredenrepertoire eines mittelmäßigen Liebhabers. Was der Kerl wirklich meint, ist: »Ich will dich nicht so oft sehen. Mir genügt es einmal in der Woche.« Handelt es sich um einen Mann, der aus falsch verstandenem Schamgefühl Hemmungen dabei hat, sich selbst in den Kontext der Lüge zu bringen, schiebt er die Gründe gern auf die Umstände und sagt dann so sinnvolle Sätze wie: »ich komme gerade aus einer schrecklichen Trennung/Scheidung/Beziehung/Kneipe und bin im Moment wirklich nicht bereit, eine neue Beziehung einzugehen.« Was er wirklich meint, ist: »Ich bin nicht bereit, eine neue Beziehung mit dir einzugehen, allerdings würde ich bei Heidi Klum eine Ausnahme machen.«

Es entbehrt nicht einer gewissen Tragik, dass die Dr. Kimbles unter den Beziehungsneurotikern die reizvollsten sind. Es ist geradezu unglaublich, welchen Effekt es erzeugt, wenn sich ein Mann kurzfristig oder dauerhaft entzieht. Dem Kerl, bis dahin als eher mittelmäßig eingestuft, wird nun eine gänzlich andere Bedeutung beigemessen, ganz nach dem alten Spruch: »Willst du etwas gelten, dann mache dich selten.« Und die Vielleichtchen reagieren mit Ausredenpirouetten auf dieses Verhalten. Jede noch so krude Ausrede – in seinem Namen jedoch unaufgefordert vorgetragen – scheint besser als das Eingeständnis, dass man eigentlich nicht interessant beziehungsweise attraktiv genug für ihn ist. Dabei teilen sich die Probleme auf verschiedene Phasen der Beziehung auf. In der ersten Phase, dem Kennenlernen, ist die Bereitschaft, sein Verhalten zu entschuldigen, besonders groß.

Es gibt sie tatsächlich, die Situationen, in denen Männer nach einer Begegnung einfach verschwinden, sich nicht mehr sehen lassen, auf Anrufe nicht mehr reagieren, möglicherweise sogar Plätze oder gemeinsame Bekannte meiden, die zuvor ein »zufälliges« Treffen möglich machten. Dabei war der Abend, an dem man sich kennengelernt hatte, hoffnungsvoll. Der Typ war superaufmerksam, das Gespräch angeregt, er hatte sich mehr als bemüht, stets die Konversation in Gang zu halten, Drinks besorgt, Komplimente gemacht und bis spät in die Nacht gequatscht. Es hatte sich so angefühlt, als würde man sich schon jahrelang kennen. Dann drückt der Typ ihr seine Handynummer in die Hand und sagt: »Vielleicht hast du ja Lust, mich einmal anzurufen.« Und die Frau? Die denkt sich: »Vielleicht gar nicht so schlecht, er überlässt es mir, ob wir uns wiedersehen, möchte offensichtlich mir die Kontrolle darüber geben, wie galant.« Das ist ein Fehler. Stundenlang hat unser Vielleichtchen darüber nachgedacht, wie sie aussehen soll, diese SMS. Natürlich soll sie nicht gleich am nächsten Tag verschickt werden und auf keinen Fall zu lang sein! Kurz, betont amüsiert und ein wenig locker, so soll die SMS sein. Heraus kommt eine Kurznachricht, die Dr. Kimble nur eines klarmacht: Er hat das Spiel schon gewonnen. Aber natürlich, das weiß jeder gute Doktor: Im Patientenwarteraum wird getuschelt. Erst neulich sagte eine »Patientin«, man höre ja so manches vor den »Schminkspiegeln der Stadt«, was den guten Doktor darin bestärkte, keine verbrannte Erde zu hinterlassen. Um es kurz zu machen, der Typ hat sich dann nur noch einmal gemeldet, mit der klassischen Wendung der »sanften Abwehr verliebter Frauen«, wie sie der Autor Adam Soboczynski in seinem originellen gleichnamigen Buch beschreibt, einer SMS des Inhalts: »Sorry, extrem busy dieser tage. Vielleicht nächste Woche mal. Und liebe grüße!« Kaum notwendig, es zu erwähnen, aber er hat sich gar nicht mehr gemeldet, und auch das Senden von weiteren Kurznachrichten unseres Nummern-Girls verliefen im Sande, nicht ohne einen faden Beigeschmack der Unterlegenheit hinterlassen zu haben.

Die Nicht-bereit-Experten

Eine Ausrede ist die gebräuchlichste Form des männlichen »Nein«. Ein »Nein« sprechen Männer gegenüber möglichen Partnerinnen nie als simples, einsilbiges Wort aus, sondern in den mannigfaltigsten Herleitungen der eigenen Umstände, in einer Mischung aus Selbstmitleid und Erklärungsbedarf. Die freundliche Interpretation dieses Verhaltensmusters meint ganz schlicht, dass »er« es sich mit »ihr« in aller Freundschaft nicht verscherzen will. Eine wesentlich unfreundlichere Interpretation kommt zu dem Schluss, dass die Dame für zukünftige Eskapaden noch verführbar bleiben soll, was man auch als Strategie der »langen Leine« bezeichnen könnte.

Die beliebteste Form ist dabei das »Ich-bin-noch-nicht-bereit-Spiel«. Wohldosiert werden Hoffnungen von Frauen geweckt, aber nicht befriedigt, was den Hunger verstärkt. Es ist allzu menschlich, etwas haben zu wollen, was man nicht unmittelbar bekommen kann. Das Objekt der Begierde gewinnt an Attraktivität, nur die Gründe dafür sind die falschen. Das ist eine Strategie, die für einen Mann mit denkbar geringem Aufwand verbunden ist, besonders dann, wenn die Partnerin seine Ausrede auch noch bereitwillig für ihn vorformuliert. Unzählige Männer weisen Frauen während einer Affäre in die Schranken ihrer Zuneigung, indem sie vorgeben, gerade aus einer Beziehung zu kommen, die es ihnen unmöglich macht, den vollen emotionalen Don Juan anzubieten. Gebeugt gehend und mit von Schmerz gebrochener Stimme setzt ein Kerl wie dieser sein Mitleidspflänzchen in den weichen Humus des allgemeinen weiblichen Interesses an psychologisch-seelischen Zusammenhängen in Verbindung mit dem Anspruch, diese in Partnerschaften und menschlichen Beziehungen ausreichend zu würdigen. Anders als Männer haben viele Frauen zudem die Neigung, zwischenmenschliche Probleme auf sich zu beziehen, zunächst Fehler bei sich selbst zu suchen. Männer dagegen haben einen geradezu phänomenalen Instinkt dafür, diese »Schwäche« in Beruf, Liebe und Sexualität für die Durchsetzung eigener Interessen zu benutzen und auch noch zu verstärken. Power-Play könnte man diese Methode nennen, deren Entschlüsselung trivial ist – man muss sie nur erkennen. Doch auch dann steht Verdrängung statt erleichternde Erkenntnis allzu oft im Weg des eigenen Lebensglücks. Denn welche Frau stellt sich schon gern vor, dass ihr derzeitiger Partner – beziehungsweise die männliche Person, die sie dafür hält – dieses Power-Play als bewusste Strategie einsetzt, um seine Dame im wahrsten Sinne des Wortes bei der Stange zu halten? So wachsen Entschuldigungspflänzchen, die der Kerl noch nicht einmal selbst zu düngen braucht, kleine Wässerungen reichen schon.

Die Hebel dieser Repression sind mannigfaltig und öffnen dem Mann auch noch Tür und Tor, es sich entsprechend bequem auf Kosten seiner Geliebten einzurichten. »Vielleicht ist er sensibel oder hat einfach Angst, von einer Frau verletzt zu werden«, lautet ein Ansatz, der Distanz entschuldigt und gleichsam mehrere Liebschaften parallel erlaubt. Ist der Mann vielleicht gerade knapp bei Kasse? Dann ist es hilfreich, eine verbreitete Angst zu schüren und gleichzeitig für einen vollen Kühlschrank zu sorgen. Der Schlüsselsatz dafür lautet: »Vielleicht glaubt er gar, ich will nur sein Geld.« Hingegen ist die Vermutung »Vielleicht ist er sehr sensibel und hat einfach Angst, von einer Frau verletzt zu werden« meist der Türöffner für Männer, sich ungehemmt und bar jeder Verantwortung für ihre Gefühle zu verhalten.

Die Liste lässt sich beliebig fortsetzen und mündet in der immer gleichen Erkenntnis, dass das Paar »vielleicht nur sehr unterschiedlich« ist. Doch was soll das erklären? Wenn ein Paar wirklich unterschiedlich ist, geht man gemeinhin davon aus, dass die beiden nicht zusammenpassen und eine wie auch immer geartete Beziehung nicht in Frage kommt. Für Sex reicht es meistens eben doch aus, was von den beteiligten Frauen dann vollkommen falsch als Zeichen der Hoffnung verstanden wird und in der Erklärung gipfelt: »Vielleicht kann es ja doch noch klappen«. Das macht das »Nicht-bereit-Spiel« so perfide. Es nährt Hoffnungen, verhindert eine klare Entscheidung und verzögert, was längst hätte entschieden werden sollen. Es ist ein Spiel, bei dem mit Ausreden gespielt wird, um eine Strategie gezielten Hinhaltens ohne realen Hintergrund verfolgen zu können. Die Geliebten verheirateter Männer, die sich täglich mit dem Umstand der Ehe des Liebhabers als technischem Hindernis einer gemeinsamen Zukunft konfrontiert sehen, sind Legion. Aber es gibt auch viele unverheiratete Männer, die sich nicht wirklich binden wollen. Die Gründe dafür reichen von der Unfähigkeit, zu lieben und sich auf eine Partnerin einlassen zu können, bis zur durchaus weitverbreiteten »oralen Gier«, wie sie der Berliner Psychologe Dietmar Stiemerling beschreibt, der in der Sehnsucht danach, »alle haben zu wollen«, einen der zentralen Gründe für häufige Partnerwechsel von Männern sieht, hinter der diese wiederum ihre Bindungsunfähigkeit verbergen. Der Betroffene agiert wie ein »hungriger Wolf« und wird aus einem chronischen Mangelerlebnis heraus zu ständigen Beutezügen angetrieben. Es geht ums »Haben-Wollen«, ums »Noch-mehr«, um »Unersättlichkeit«. Dahinter verbirgt sich die Lebensangst, zu kurz zu kommen, das Entscheidende im Leben zu verpassen, oder – oftmals bei Männern, die sehr jung eine Familie gegründet haben – die Angst davor, bereits vieles verpasst zu haben. Das bedeutet für die involvierten Partnerinnen dieser Männer, die sich als Affären aneinanderreihen, gar nicht in der eigenen einmaligen Individualität wahrgenommen und geliebt zu werden, sondern zum Objekt einer unstillbaren Begierde geworden zu sein, die hinter vorgeblichen Defiziten und bedauernswerten, aber aus weiblicher Sicht nachvollziehbaren Schwächen erfolgreich getarnt wird. Immer wieder gelingt es Männern, die für dieses Verhalten benötigte Distanz als vermeintlich heilbares Defizit zu präsentieren und Frauen auch noch dazu zu bewegen, sich als Krankenschwestern, Lebensretterinnen und Geldautomaten über einen langen Zeitraum missbrauchen zu lassen. Denn nichts fordert viele Frauen mehr heraus als ein Mann, dem man zum Besseren verhelfen kann. Ein Trugschluss und ein schlimmer Selbstbetrug.

Der Privatpatient

Kaum etwas löst bei vielen Frauen einen so starken Reiz aus wie die Chance, einen Mann aus seinem seelischen Elend herauszuholen, ihn von seinen emotionalen Wunden zu heilen. Völlig außer Acht gelassen wird von den betroffenen Frauen dabei nur allzu oft, dass ein Mann dieses Elend simulieren könnte, weil er eine besondere Affinität für diesen Mechanismus intuitiv oder wissentlich bei der Frau seiner Begierde erkannt hat und nun anwendet, um sein Ziel meist sexueller Erfüllung zu erreichen. Aber auch Geldmangel oder andere primäre Bedürfnisse können Gründe sein, eine temporäre Beziehung einzugehen, ohne es wirklich »ernst« zu meinen. Wer das Gefühl hat, immer an Männer zu geraten, die »Problemfälle« sind, und sich nach Wochen einer kurzfristigen Beziehung »ausgesaugt«, »leer« und vielleicht sogar ausgenutzt vorkommt, findet den Grund dafür möglicherweise darin, dass einer dieser »Energiesauger« unbewusst eine Tür geöffnet hat, die nur noch durchschritten werden musste. Neben dem gesunden Mann, der das eigene Leid nur vorschützt, um sein »Ziel« zu erreichen, kann es auch sein, dass man tatsächlich immer an seelisch beeinträchtigte und von Kummer und Krisen geschüttelte Kerle gerät, weil sie quasi eine magische Anziehungskraft ausüben. Viele Frauen neigen unbewusst dazu, sich emotional stark konfliktbeladene Partner auszusuchen, an denen sie immer wieder verzweifeln, wobei sie weder aus Schaden klug werden, noch ihre eigenen wiederkehrenden Verhaltensmuster deuten können. Selbst wenn die Rückschau auf vergangene Beziehungen ein sehr deutliches Bild ergibt, sich also mit schöner Regelmäßigkeit dasselbe Bild zeigt, ist es für diese Frauen oft kaum möglich, daraus auch Konsequenzen zu ziehen. Immer wieder geraten sie in Liebesbeziehungen mit Männern, die sich schon nach kurzer Zeit als auffallend gestört erweisen und deren Leiden sie als selbsternannte Nachtschwestern stets erfolglos zu heilen versuchen. Hinter dieser unbewusst vollzogenen »Fehlwahl« steckt ein Programm, dessen Ursprung sehr unterschiedlich sein kann. In Erscheinung tritt dabei jedoch stets ein Vielleichtchen, das sich sagt: »Vielleicht kann ich ihn heilen, vielleicht bin ich diejenige, die ihm aus seiner Misere heraushelfen wird.«

In der psychologischen Literatur wird das Phänomen eines stets wiederkehrenden defizitären Partners als unterbewusste Seelenverwandtschaft beschrieben, dessen Ursprung ein ähnliches Kinderleiden sein kann oder eine tiefe Vertrautheit mit einem Neurosenmilieu, das deshalb eine besonders große Anziehungskraft ausübt. Es ist also ein unsichtbares Freundschaftsband, das Frauen an diese wiederkehrenden defizitären Partner bindet. Es löst Mitgefühl und Solidarität aus. Die betroffenen Frauen fühlen sich gebraucht und damit wertvoll. Die Fokussierung auf die Probleme des neuen Partners lenkt jedoch nur von den eigenen Schwierigkeiten ab. Indem sich die betroffene Frau auf ihren Partner konzentriert, erfährt sie zudem eine Erstarkung des eigenen schwachen Selbstwertgefühls. Man könnte auch sagen, sie gibt, was sie selbst am nötigsten bräuchte: Nachsicht, Liebe und Fürsorge. Dahinter verbirgt sich die seit der Kindheit erfolglos gehegte Hoffnung, dass »alles wieder gut wird«.

Diese Form der »Heilbeziehung« gibt es in unendlich vielen Facetten, deren tiefere Struktur alle auf das Muster des »Privatpatienten« zurückzuführen sind. Mara aus Stuttgart, eine dralle 32-jährige Product-Managerin, sucht sich stets Männer wie Matthias Maruschek oder Peter Kairos aus, die attraktiv, wohlhabend, gebunden oder verheiratet, wenig an ihr interessiert und damit nach ihrem Dafürhalten »geheimnisvoll« sind. Als sehr präzisen Schlüsselreiz für ihre Beziehungsstrategie formuliert sie einen hochgestellten Polohemdkragen. Das mag man belächeln, doch fast alle Frauen, mit denen ich tiefere Gespräche geführt habe, nannten solch kleine, wiederkehrende optische Reize als ausschlaggebend bei ihrer Partnerwahl. Das »Polohemd« hatten jene Jungs im Gymnasium von Mara an, die aus dem Milieu wohlhabender Stuttgarter Mittelstandsfamilien kamen, in dem sie selbst aufgewachsen war.

Die Aufarbeitung einer fatalen Strategie bei der Partnerwahl beginnt mit der Erkenntnis, selbst ein Privatpatient zu sein. Frei nach dem amerikanischen Sprichwort:

»Wenn dir drei Verrückte am Tag begegnen, solltest du in den Spiegel sehen.« Wie viele witzige Sprüche beinhaltet auch dieser eine tiefere Bedeutung: Wer uns begegnet und auch, wer uns meidet, haben wir selbst in der Hand. Und das gilt besonders für unsere Lebenspartner. Wenn wir feststellen, dass wir stets die gleichen gestörten Kerle erhören, dann sollten wir uns eventuell auch professionellen Rat suchen. Hinter den offensichtlichen Beweggründen selbsternannter, unermüdlicher »Seelenheilerinnen« verbirgt sich meist ein pessimistisches Selbstbild, das ihr Handeln erklärt und nachvollziehbar macht. Dieses pessimistische Selbstbild ist geprägt von der Angst davor, selbst gestört zu sein und also unfähig, eine Beziehung einzugehen. »Ich kann nicht geliebt werden, weil ich selbst nicht liebenswert bin«, beziehungsweise: »Ich kann nicht lieben, weil mir die Befähigung dazu fehlt, eine Befähigung, die andere Menschen haben.« Das sind die Aussagesätze zu dieser fatalen Angst. Weil diese Frauen immer wieder »kaputte« Typen anziehen, entsteht das Gefühl, bis in alle Ewigkeit allein bleiben zu müssen, ohne Liebe zu leben. Diese düstere Vision möchten die »Krankenschwestern« auf jeden Fall widerlegen und versuchen es durch die Heilung von »Privatpatienten.«

Die Bad Boys

Es sind rauschige Rebellen, die Katja immer wieder den Puls schneller schlagen lassen. Ungehobelt, aggressiv, gewalttätig und alkoholisiert, nichts kann Katja schrecken – im Gegenteil. Allein schon die Idee, der Mann könnte ein »Outlaw« sein, bringt sie in Wallungen und ihre Phantasie in jeder Beziehung in Fahrt. Dabei ist Katja alles andere als eine Rockerbraut, sondern OP-Schwester in einem Hamburger Krankenhaus und eher eine graue Maus als ein wilder Feger. Der Eigentümlichkeit ihrer Partnerwahl ist sie sich in wachen Momenten durchaus bewusst, doch ändern kann sie daran nichts. Viel zu groß ist der Reiz, der für sie von Männern ausgeht, deren Fehler sich schlagartig bemerkbar machen. Der letzte Mann, dem Katja verfallen ist, heißt Dragan. Ein Typ, dem wir alle nachts nur ungern allein begegnen würden. Und dieser Dragan ist keine Fiktion für die Geschichte über einen »Bad Boy«, es gibt ihn wirklich, er heißt auch so. Dragan schreibt Katja in unregelmäßigen Abständen unmissverständliche Kurznachrichten, die aus einem Wort bestehen, »ficken« steht da dann beispielsweise. Dann verlässt Katja sofort ihre niedlich eingerichtete Zweizimmerwohnung am Eppendorfer Baum in Hamburg und steigt zu Dragan ins Auto, der vor dem Haus schon auf sie gewartet hat. Man kann nicht sagen, dass die Autofahrt lange dauern würde, und das ist auch besser so, denn Dragan hat bereits reichlich »getankt«. Schon nach einigen Minuten ist Katja zurück in ihrer Wohnung, in der nicht selten Freunde Zeugen dieses ungewöhnlichen Intermezzos werden. Sie sagt dann gelegentlich Sätze, die ihr Verhalten entschuldigen sollen: »Ich weiß, dass es falsch ist, aber es fühlt sich so gut an.« Zumeist rechtfertigt sie jedoch ihre Beziehung zu Dragan und verschanzt sich hinter dem unvermeidlichen »Vielleicht mag ich ihn ja so, wie er ist«. Sie macht sich selbst und anderen vor, Dragan sei eigentlich gar nicht so, wie er tatsächlich ist, sie dreht sich eine Realität zurecht, die sie sonst vermutlich kaum glauben würde. Die absurdesten Erklärungen dienen ihr dazu, die Situation besser darzustellen, als sie es ist, sie behilft sich dabei mit an den Haaren herbeigezogenen Relativierungen, um zum Beispiel sein Alkoholproblem kleinzureden. »Hauptsache, er nimmt nicht die ganz harten Sachen«, erklärt sie sich selbst und allen, die es sonst noch glauben wollen. Ohne wirklichen Anlass wird Katja von Dragan auch geschlagen, aus Lust an der Gewalttätigkeit gegenüber Schwächeren, im Rausch, im Wahn. Dennoch ist sie der festen Überzeugung, Dragan sei ein besserer Mensch, als alle glauben, ist der Meinung, nur sie könne seinen »guten Kern« erkennen. Sein exzessiver Konsum von Alkohol und anderen Drogen ist für Katja kein elementares Ausschlusskriterium, sondern die Entschuldigung für

Dragans gewalttätiges Verhalten. Nicht er ist also schuld, sondern die Rauschmittel.

Dragan ist die brutale Version des »Privatpatienten« und Katja seine Krankenschwester mit masochistischen Zügen. »Vielleicht braucht er ja dringend meine Hilfe«, lautet ihre Motivation, sich einem Mann unterzuordnen, der diesen Mechanismus für seine Bedürfnisse zu nutzen weiß. Dragan behandelt sie wie sein Eigentum, und Katja lässt sich das dankbar gefallen. Neuerdings möchte sie sogar Fetischbilder für ihn anfertigen lassen, mit ihr selbst in der Rolle einer spärlich bekleideten Krankenschwester. Sie hat da von so einem Richard in Hamburg gehört, der Bilder von Krankenschwestern macht.

Katja ist dem hoffnungslosen Versuch erlegen, einen Scheißkerl zu heilen, der es alles andere als gut mir ihr meint. Sie irrt, wenn sie glaubt, sie hätte auch nur den leisesten Einfluss auf Dragan. Es ist die hoffnungsloseste Variante des »Vielleicht kann ich ihn ja zum Guten bekehren«. Männer wie Dragan reflektieren gar nicht. Insofern sind sie auch immun für Hilfestellungen dabei, ein besserer Mensch zu werden, denn das erscheint ihnen gar nicht sonderlich erstrebenswert, für sie läuft es schließlich »voll korrekt mit den Bunnys, Alder«.

Gleichwohl halten Männer wie Dragan hervorragend die Idee der eigenen Wandlungsfähigkeit in der Partnerin wach, vor allem, wenn sie es wieder einmal total überzogen haben. Dann keimt bei einem Vielleichtchen Hoffnung auf, die Hoffnung darauf, eine verlorene Seele könnte »sich vielleicht doch zum Guten ändern«. Dafür sind sie bereit, über vieles hinwegzusehen. In Wirklichkeit ist es eine Falle ohne Ausweg. Die Hoffnungslosigkeit einer derartigen Beziehung liegt in der Unfähigkeit und mangelnden Bereitschaft von Männern wie Dragan, überhaupt anzuerkennen, dass der eigene Lebensweg falsch ist. In fast allen Fällen finden Frauen wie Katja zahllose Entschuldigungen in der Biografie des Mannes. Sie idealisieren ihn als Opfer und übersehen dabei, dass sie damit eigentlich nur bei sich selbst gelandet sind.

Sexmuffel und Kuschelhasen

Sie trifft nachhaltig und tief, die sexuelle Ablehnung durch den eigenen Partner. Zugleich ist kaum ein Beziehungsproblem derart geeignet, die Gründe dafür bei sich selbst zu suchen als die Lustlosigkeit des Partners im gemeinsamen Bett, schlimmer noch, diesen Zustand vorauseilend vielfältig zu entschuldigen. Die Entschuldigungen für »Rohrkrepierer«, »Schlappschwänze« und Langweiler im Bett spotten tatsächlich jeder Beschreibung. »Vielleicht hat er ja momentan zu viel Stress im Beruf« – »Vielleicht liegt es ja an mir« (wahlweise ist die Frau dann zu fett, nicht mehr attraktiv, zu langweilig). »Vielleicht kann ich seine sexuellen Wünsche nicht befriedigen.« Letzteres ist in der Literatur auch als sogenannte »Testosteron-Lüge« bekannt. Männer, die schlichtweg die Lust an der eigenen Partnerin verloren haben, es sich aber bei der Ersatzmutti ganz gemütlich eingerichtet haben, vermitteln auf eine unterschwellige, perfide Art und Weise, dass die eigene Partnerin nur deshalb nicht mehr attraktiv ist, weil sie dem »tollen Hengst« eigentlich nicht gerecht werden kann. Die Bereitschaft, die Lustlosigkeit des Partners zu rechtfertigen, gipfelt in der Aussage: »Vielleicht hat er ja so starke Gefühle für mich, dass wir deshalb gar keinen Sex mehr haben.«

Lustlosigkeit hat in den allermeisten Fällen einen simplen Grund: Desinteresse. Und auch wenn es schmerzhaft ist, sich das einzugestehen, für viele Männer ist das keinesfalls ein Grund, sich zu verabschieden, besonders, solange das Umfeld angenehm ist und sich nichts anderes bietet. Wer ist am Samstagabend schon gern allein? Dass viele Männer schon nach einigen Treffen ihren Jagdtrieb befriedigt haben, die Anziehung einfach nicht stark genug für die Fortsetzung einer kurzen Affäre war, muss man wohl oder übel akzeptieren. »He's just not that much into you« – er steht einfach nicht so sehr auf dich, nennen die Amerikaner dieses Phänomen, das es in der letzten Saison sogar bis zu einem Unterhaltungsfilm gebracht hat. Insofern ist die Frage nach fortwährenden Enttäuschungen immer wiederkehrender »Kurzerlebnisse« auch eine Frage der eigenen Erwartungshaltung an neue »Dates«. Anders gesagt, man bekommt, was man bestellt hat. Das klingt etwas typologisch, ist aber letztlich eine vorhersehbare Realität. Es hat mich – in übertragenem Sinn – immer schon gewundert, wenn Männer ganz offen über ihre Vorliebe für Frauen mit großen Brüsten reden, aber mit dem genauen Gegenteil dieses Frauentyps verheiratet sind. Die Gedanken sind natürlich frei und alle Sehnsüchte erlaubt, es ist legitim, sich die tollsten Dinge zu erträumen, aber dies von einem Partner einzufordern oder, noch schlimmer, stillschweigend zu erwarten, endet ganz gewiss im Frust. Einer gelingenden Beziehung liegt jedenfalls zuerst einmal vor allem ein Realitätsprinzip zugrunde. Von einer unausgeschlafenen, völlig erschöpften jungen Mutter kleiner Kinder kann man nicht erwarten, dass sie sich abends vom Kronleuchter schwingt, um ihrem Partner ein ausschweifendes Sexualleben zu bescheren. Ebenso wenig kann man darauf hoffen, dass ein offensichtlich aggressiv-gehemmter Mann, den sich eine Frau gewählt hat, weil er freundlich, weich, bescheiden und anpassungsbereit ist, über Nacht zum wilden Hengst wird. Man kann von einem Partner nicht erwarten, dass er alles erfüllt, beziehungsweise man ist schon selbst für das verantwortlich, was man bekommt – und was nicht. Wer sich an den »tollen Hengst« nicht herantraut, weil das eigene Selbstbewusstsein dafür nicht reicht, darf sich nicht wundern, sexuell bei einer mittelmäßigen Alternative zu landen.

Hanna, auch Mariechen genannt, ist die Frau von Robert und ein konservativ erzogenes Faltenrockmädchen aus bester Hamburger Familie. Vor kurzem hat sie eine kleine Galerie in der Speicherstadt eröffnet und zeigt in ihren Ausstellungsräumen bevorzugt junge Fotokünstler. Auf einer Vernissage ihrer künstlerischen Neuentdeckung Richard König begegnete sie Dragan, dessen Freundin gerade von König porträtiert worden war, und fand in ihm den Mann ihrer sexuellen Träume. Einen ganzen Tag und eine Nacht verlebte sie mit ihm, wie in einem grenzenlosen Rausch. Nachdem sie ihr Barbour-Jäckchen einmal abgelegt hatte, erlebte Mariechen fast alles, was sie sich in ihren sexuellen Masturbationsphantasien schon immer erträumt hatte. Doch wiedersehen wollte sie Dragan nicht – auf keinen Fall. Es waren nicht ihr Mann Robert oder die Kinder, die ihr ein schlechtes Gewissen machten. Nein, sie hatte vielmehr Angst, dass der Rausch sie aus dem Rahmen ihres bürgerlichen Daseins werfen könnte. Mariechen hatte in der Zeit, in der Robert mit Martina, der Rundfunkmoderatorin, zusammen war, eine Beziehung mit einem erotisch und sexuell eher unbeholfenen jungen Rechtsanwalt. Es ist kaum vorstellbar, dass dieser Spezialist für Insolvenzrecht auch nur annähernd eine Idee von den wahren sexuellen Phantasien seiner Partnerin hatte, geschweige denn zu einem leidenschaftlichen Frauenverführer hätte mutieren können, um einen »Eisblock« zum Schmelzen zu bringen, wie sich Hanna das gelegentlich erträumte. Sein Bild von Hanna hat sich wohl eher von Äußerlichkeiten abgeleitet, und ihm fehlte vielleicht auch schlicht die Vorstellungskraft, um in ihr etwas anderes zu sehen als die wohlerzogene Tochter aus gutem Haus.

Dem jungen Rechtsanwalt ist kein Vorwurf zu machen. Es wäre vielmehr an ihr gewesen, da sie ihm an sexueller Erfahrung und Aggressivität deutlich überlegen ist, sich für ihre Bedürfnisse auch den richtigen Partner zu suchen. Der Begehrende ist also selbst gefragt, wenn es darum geht, Wünsche zu realisieren. Wer sich in einem Single-Portal im Internet mit einem Mann verabredet, dessen Nickname »Bärchen_bln«, »Knuddel_01« oder »Ganz_Lieb_69« heißt, wird kaum einen aggressiven Liebhaber erwarten können. Anders gesagt: Die eigenen Wünsche dürfen die Kräfte und das Vorstellungsvermögen des Partners nicht überfordern. Hanna hat eigentlich Angst davor, einem sexuell so fordernden Mann wie Dragan nicht gerecht werden zu können. Diese Angst vor ihrer möglichen Unzulänglichkeit steht einer erfüllten Partnerschaft im Weg. Sie müsste zuerst einmal für sich selbst klären, worin ihre Begrenzungen liegen und woher sie rühren. Stattdessen hat sie sich, trotz der dauerhaften Unerfülltheit von Wünschen und Bedürfnissen auf beiden Seiten, nach ihren Erfahrungen mit dem jungen Rechtsanwalt, in ihrer Ehe mit Robert eingerichtet. Und sucht in gelegentlichen Affären eine Erfüllung, die sich darin gar nicht einstellen kann.

Der Betrüger

Ein ganz anderes Kaliber und alles andere als ein »Stino« ist der Betrüger. Das Desinteresse der männlichen Durchschnittsfraktion ist ihm völlig fremd. Im Gegenteil, er bettet seine Opfer geradezu auf Rosen und versteht es glänzend, sie zu täuschen. Woran man ihn erkennt, den Betrüger, den charmanten Verführer, in welchen Variationen er auftritt und welche Gegenmaßnahmen zu ergreifen sind, um ihn in die Flucht zu schlagen, darum geht es hier.

Ein Betrüger ist gar nicht leicht als solcher zu erkennen, weil man ausgerechnet bei ihm zunächst gar nicht auf die Idee kommt, dass es einer sein könnte. Menschen, die grundsätzlich misstrauisch sind und schon vorauseilend einen Verdacht haben, kann man nur schwer betrügen. Doch wer ist das schon? Die meisten Frauen haben vielleicht eine »Ahnung« und verschließen dann vor der Wahrheit die Augen, was man auf das Prinzip Hoffnung zurückführen kann. Für mich war es dennoch immer wieder erstaunlich, dass ungefähr acht von zehn befragten Frauen erzählten, sie seien sich völlig sicher darin, von ihrem Freund auf keinen Fall betrogen worden zu sein. »Meiner nicht«, hieß es da, »dafür lege ich die Hand ins Feuer.« So erstaunlich fand ich das deshalb, weil ich keinen unschuldigen Mann kenne. Sicher, es gibt Männer, deren Möglichkeiten, fremdzugehen, begrenzt sind, vielleicht weil es ihnen an Attraktivität mangelt, ihnen das Selbstbewusstsein dazu fehlt, die Offenheit. Doch auch für diese Männer gibt es eine verbreitete Lösung ihres Problems: die Prostitution.

Wenn Frauen glauben, »meiner tut das nicht, er ist doch noch jung und kann jede haben«, dann täuschen sie sich sehr oft. 1,2 Millionen Männer nehmen jeden Tag in Deutschland professionelle Liebesdienste in Anspruch, wie Tamara Domentat in ihrem Buch *Laß dich verwöhnen* schreibt. Pro Tag! Wie viele Männer – ob irgendwann einmal, in unregelmäßigen Abständen oder regelmäßig – zu Prostituierten gehen, lässt sich anhand der täglichen Frequentierung von Prostituierten zwar nicht ablesen, in jedem Fall aber sind es doch sehr viele. Und sie haben noch nicht einmal ein hygienisches Problem damit, von einem Verantwortungsgefühl ihren Frauen oder Familien gegenüber ganz zu schweigen. Männer, die ihre Lust professionalisiert oder sogar ritualisiert haben, gehen ihrer Leidenschaft nicht notwendigerweise abends, sondern gern mittags nach. Um diese Tageszeit kommt kein Erklärungsbedarf auf, und es bleibt eine Art Puff(er)zeit zwischen dem Geschlechtsverkehr und der Rückkehr nach Hause. Ein Damenparfüm müssen Puffbesucher zwar nicht fürchten, dafür sind die »Damen« zu professionell, aber sie befürchten dann doch, man könne es ihnen anmerken, den frischen Seifengeruch ungewöhnlich finden oder den nassen Haaransatz, den sie vom Duschen behalten haben, wenn sie aus dem Etablissement kommen. Nicht ganz zu Ende geföhnt, rasen die poppenden Puff-Profis mittags dann nicht nach Hause, sondern zurück ins Büro – und greifen sich unterwegs immer mal wieder an den Hosenlatz, um sich auch sicher sein zu können, dass der Reißverschluss wieder geschlossen ist. Eine wichtige Frage ist in diesem Zusammenhang jene nach den sexuellen Vorlieben des Partners. Dabei gilt die oben schon genannte Regel: Es ist meist anders, als es scheint. Von »schlimmer« muss deshalb noch keine Rede sein, aber es kann schon auch mal viel schlimmer sein. Nie werde ich den deutschen Manager eines US-Unternehmens vergessen, mit dem ich eine geschäftliche Beziehung unterhielt. Es ging um Warenlieferungen für meine Schokoladenmarke MOST, und der Mann war mir, ehrlich gesagt, seltsam unangenehm. Ein etwas anachronistischer Verkäufertyp, dachte ich mir, schmierig und unglaublich spießig. Ich war ziemlich voreingenommen. Schon vor meinen Terminen mit ihm habe ich darauf gewettet, welches scheußliche Jackett er diesmal tragen würde. Ich kannte schon ein weinrotes und eines in Grün, die mir beide ziemlich verboten erschienen. Er hatte wenige Haare, die er aber nicht konsequent kurz trug, sondern lang, um sie in einer langen Welle von links nach rechts als Matte über seinen sonst kahlen Kopf legen zu können. Sein Aktenkoffer war aus Lederersatz, schwarz mit goldenen Verschlüssen, wie man sie für 60 Euro in Kaufhäusern bekommt. Ich hatte als Teenager einen dieser Koffer und erinnere mich nicht gern daran. Eines Abends saß ich mit einer guten Freundin bei einem ausgiebigen Gespräch über Frauen und Männer zusammen, als wir auf das Thema »außergewöhnliche sexuelle Wünsche und Bedürfnisse« kamen. Da erzählte sie mir von ihrem Onkel, der ein »Oberspießer aus dem Nordhessischen« sei und tagein, tagaus unter seiner normalen Straßenkleidung Leder- und Damenunterwäsche trage sowie sein Geld bei Dominas lasse. Ich habe sie nicht gefragt, woher sie das alles wusste, vermutlich auch deshalb, weil die Details so kurios waren. Besonders beeindruckt hat mich die Angewohnheit dieses Onkels, unter einem ordinären Zweireiher eine komplette Ledermontur zu tragen, inklusive eines geschnürten Korsetts. Wie um Himmels willen zieht der sich das morgens allein an, haben wir uns gefragt. Aber es war auch sonst ein lehrreicher Nachmittag – ich habe beispielsweise gelernt, was ein Plug ist und dass es nicht nur Männern Spaß bringt, damit einen Rektalausflug in die Stadt zu unternehmen. Die Pointe allerdings kam beim Dessert, denn es stellte sich eher zufällig heraus: Dieser Onkel war mein spießiger Lieferant!

Seitdem weiß ich, dass alles ganz anders sein kann, als es scheint. Und das ist es bei Betrügern immer. Ein Betrüger wird, auch wenn er ertappt wurde, in jedem Fall wieder zuschlagen, es ist seine Sucht. Seine Genialität liegt darin, es seiner Freundin so zu verkaufen, dass er die Beziehung danach mit ihr fortsetzen kann. Wenngleich

Frauen das meist nicht glauben können oder wollen, mir ist tatsächlich kein Fall bekannt, bei dem der Betrüger nach einem Seitensprung nicht nach kurzer Zeit rückfällig geworden wäre oder zumindest erhebliche Sehnsüchte und Phantasien in dieser Richtung entwickelt hätte, die dann irgendwann eben auch erfüllt werden.

Für den Profi im Fremdgehen geht es vor allem darum, im Vorfeld bereits kleine »Türchen« zu öffnen, die als »Ausredekanäle« dienen. Bei Männern steht dabei der Job an erster Stelle. Das Büro eignet sich nach 17 Uhr hervorragend für körperliche Einsätze aller Art. Vor allem das Büro des Chefs, Konferenztische und die Besuchercouch sind optimale Hilfsmittel. Wenn man es mit einem Profi zu tun hat, findet man im Büro immer ein zweites Hemd, sein Parfüm und ein Deo seiner Marke. Von Telefonaten aus dem Büro mit der festen Partnerin darf man sich zudem nicht täuschen lassen. Möglicherweise ist man sogar live zugeschaltet, denn manche empfinden das als gewaltige Luststeigerung (man hört es am kurzen Atem und entsprechend kurzen Sätzen). Auch für die Geliebte ist das ein durchaus spannender »Einsatz«. Sex im Büro, einer sonst eher streng reglementieren Welt, in der klare Umgangsregeln gelten, steckt für den Mann voller Abenteuer, Verwegenheit und Risiko. Für die Geliebte dagegen liegt der Kick darin, Macht über seinen Einflussbereich zu bekommen. Da Geschlechtsverkehr im Büro nur selten mit vollständig heruntergelassenen Hosen abläuft (zu lange Reaktionszeiten bei stets möglicher unerwarteter Störung), empfiehlt es sich bei entsprechenden Verdachtsmomenten, den Hosenlatz näher zu untersuchen – Sperma klebt selbst dann noch drin, wenn auf der Bürotoilette mit Wasser und Seife kräftig gerubbelt und gerieben wurde. Außerdem ist der Stoff angegriffen. Besonders verräterisch ist die Innenseite des Reißverschlusses.

Wie schon gesagt, sind viele Dinge im Zusammenleben mit einem Betrüger genau dem entgegengesetzt, was man zu sehen und zu wissen glaubt. Kommt er spät nach Hause und die Partnerin hat den Verdacht, dass etwas gewesen sein könnte, dann ahnt er die Irritation schon voraus und wird sicher Sex haben wollen. Männer wissen, dass Frauen sich nicht vorstellen können, dass er a) das zweimal kann und b) so abgebrüht ist, direkt nach dem Sex mit einer Geliebten mit seiner Frau oder Freundin zu schlafen. Er kann natürlich durchaus. Und diese Strategie geht auch meistens auf. Frauen empfinden beim Sex eine Zuneigung und Nähe, die für ihn nicht vorhanden sein muss. Ein Indiz für einen Betrug kann deshalb schon in der Aussage der Partnerin liegen: »Wir haben seit langer Zeit mal wieder richtig guten Sex gehabt.« So bitter es klingt, in diesem Fall ist Wachsamkeit angesagt. Das gilt auch für große Ausgeglichenheit und besondere Fürsorglichkeit, für mitgebrachte Blumen und überschwängliche Zuneigung bei nächtlicher Heimkehr sowie für übertriebene Liebesschwüre, wenn sie schon lange kein Thema mehr waren. Er versucht damit, sein Gewissen zu erleichtern und einer drohenden Trennung vorzubeugen. Tatsächlich geht diese Strategie oft auf, weil es sich mit einer Lüge manchmal – und das gilt für Männer wie für

Frauen – viel leichter leben lässt als mit der Wahrheit. Wer seinen Mann auf Abwegen vermutet und die Wahrheit herausfinden will, wirft einfach einmal einen Blick in die Tasche des Partners. Männer sind oft unvorsichtig genug, sich bei einem Tête-à-tête auch noch eine Quittung geben zu lassen, um das gemeinsame Abendessen mit der Geliebten von der Steuer absetzen zu können. Die Ausrede: »Es war ein Geschäftsessen« verliert zwar an Glaubwürdigkeit, wenn es ein Essen für zwei war und nur eine Person Prosecco als Aperitif bestellt hat, aber das Finanzamt schaut so genau nicht hin. Die eigene Partnerin möglicherweise schon. Auch ein Blick auf die Uhrzeit des Check-out lohnt sich. Wo war er zwischen 22.30 Uhr und dem Eintreffen zu Hause um ein Uhr nachts? Weitere Hinweise können auch das beliebte »Hallo… hallo… hallo« in sein Handy, wenn die Geliebte im ungünstigen Moment häuslicher Zweisamkeit anruft, oder das hektische »Ich rufe zurück« sein, gefolgt von grußlosem Auflegen. Ein Druck auf die Wiederwahltaste seines Handys ist dann eine effektive Empfehlung, um einen unvorsichtigen Fremdgänger zu entlarven.

Wenn der Geliebte sich dadurch auszeichnet, dass er zwar immer sagt, er würde gern mit seiner Freundin zusammenziehen, jedoch stets Widrigkeiten dagegen stehen, sollte man die Sache näher beleuchten. Entweder will er sich nicht wirklich zu seiner Partnerin bekennen und scheut die Verantwortung einer festen Beziehung, oder er will zugleich eine feste Freundin und genug Zeit für ausschweifende Erlebnisse und Flirts. Man könnte das fast als Königsweg eines Betrügers bezeichnen, weil er keiner Frau erlaubt, den intimsten Ort seines Lebens für sich zu besetzen. Die eigene Wohnung bleibt offen für mehrere Geliebte, für Affären, Liebschaften oder auch nur für einen One-Night-Stand. Ob sich das Zusammenleben aus diesem Grund nicht realisieren lässt oder doch ganz andere Ursachen hat, ist tatsächlich relativ leicht festzustellen, denn ein ausschweifendes Liebesleben hinterlässt immer Spuren. Heiße Orte dafür sind der Badewannenabfluss und der Bereich unter dem Waschbecken, wo man dann Haare findet, die garantiert keine Hinterlassenschaften der Putzfrau sind. Von vergessenen Haarspangen, Slips etc. ganz zu schweigen. Die Ritzen des Sofas sind zudem wahre Fundgruben. Und wenn ein Mann jedes Mal frische Bettwäsche aufzieht, bevor seine Freundin zu Besuch kommt, ist das nicht immer ein Zeichen eines reinlichen Liebhabers, sondern vielmehr das eines »ordentlichen Betrügers«. Viele Frauen meinen ihren Lover gut im Griff zu haben, weil sie mehrfach am Tag mit ihm telefonieren. Er meldet sich ja auch sehr regelmäßig, oder? Leider landete Signore Flagranti gerade heute am frühen Abend auf der Mailbox seiner Freundin, um zu sagen, dass er noch mit »den Kumpels« ausgeht. Komisch, dabei war ihr Handy die ganze Zeit an, und telefoniert hat sie auch nicht. Der Trick: Er hat einfach die #50# vor ihrer Telefonnummer gewählt und landete direkt auf der Mailbox seiner Liebsten, ohne dass es geklingelt hätte. Danach ist dann – er hat es möglicherweise auch gleich brav auf dem AB angekündigt – sein Handy-Akku fast leer, das Handy im Auto geblieben oder wegen des Termins ganz abgeschaltet gewesen. Diese Art von Betrug kostet die meisten Männer trotz allem Kraft. Sie verraten sich nicht nur ungewollt, sondern wollen sogar entdeckt werden. Vor allem hat er Angst davor, sich im Schlaf zu verraten. Dabei sind nicht nur ungewollte Äußerungen von Interesse (Aufschrecken, falsche Namen, ganze Erlebnisberichte), sondern auch die Frage, ob ein Mann nah bei seiner Partnerin schläft (»Löffelchenstellung«) oder sich rasch auf seine Seite rollt. Innigkeit ist ein sicheres Indiz für tiefempfundene Liebe. Fehlt diese Innigkeit, ist Misstrauen angebracht. Allen, die Verdachtsmomente haben und ihren Geliebten testen wollen, empfiehlt sich der »Du-hast-im-Schlaf-geredet-Test«. Dabei gibt man vor, der Partner habe nachts im Schlaf geredet und Geschichten erzählt. Wirkt er aufgeregt und unentspannt, hat er etwas zu verbergen. Sollte er später noch einmal nachfragen, hat ihn die Sache dann auch noch ziemlich beschäftigt, und man weiß Bescheid. Allerdings gilt es immer darauf zu achten, sich nicht in Rage zu reden und damit eine Situation zur Eskalation zu bringen, der für diese Heftigkeit der Auseinandersetzung möglicherweise jegliche Grundlage fehlt.

Dennoch ist die fast schon als Standard vorgetragene Beschuldigung, Frauen würden eine übertriebene Eifersucht und Kontrollfunktion ausüben, ein Abwehrreflex, der von Männern erfunden wurde. Es gibt drei wichtige Quellen, die Frauen faktische Sicherheit verschaffen können: Kreditkartenabrechnungen, Handyrechnungen (Einzelverbindungsnachweise) und Terminkalender. Zumeist liegen alle drei Dokumente gut verwahrt im Büro. Wer jedoch schon lange Misstrauen hegt und sich gar nicht mehr zu helfen weiß, ruft einfach mal bei der Telefongesellschaft an und bittet um eine Umleitung der Post an eine neue Rechnungsanschrift. Zum Beispiel nach Hause. Auf diese Weise lassen sich die am häufigsten gewählten Telefonnummern ausfindig machen und sogar testen. Viel interessanter ist aber die Häufigkeit der versendeten Kurznachrichten. Wer ein den Daumen rötendes Aufkommen von Klicks feststellt, kann sich zu hundert Prozent sicher sein, dass der Partner fremdgeht. Vielleicht findet man durch die Handyrechnung aber auch heraus, dass der Liebste über eine weitere Handynummer verfügt. Unter der sinnigen Rubrik »Partnerkarte« geben die Telefongesellschaften eine weitere Nummer mit eigenem Chip und vergünstigtem Telefon heraus, die ihm eventuell dazu dient, einen gänzlich abgeschirmten Kommunikationskreis aufzubauen. Das ist ein wenig so, wie man es von seinem jüngeren Bruder und dessen Spielzeugeisenbahn aus der Kindheit kennt. Ein zweiter Trafo lässt auf einem eigenen Stromkreis ganz andere Züge fahren. Nur zusammenstoßen dürfen sie nie.

Der Serientäter – ein Doppelleben

Das Spiel mit dem Feuer ist seine Sucht. Der Serientäter ist fast so etwas wie ein »Borderliner« und will eigentlich entdeckt werden, mit großem Getöse auffliegen. Er spielt ein perfides Spiel, bei dem es nicht um eine Beziehung oder um Liebe geht. Seine Partnerinnen sind nur Figuren in einem Spiel. Dennoch ist ein Serientäter besonders aufmerksam, er meldet sich regelmäßig, überschüttet seine Partnerin mit Liebesbeweisen, lustigen Ideen und ernsthaften Heiratsversprechen, schwärmt von Kindern und der gemeinsamen Zukunft. Sehnsüchte und unerfüllte Wünsche weiß er bestens für sich zu nutzen, und wer von sich meint, »ich würde es in jedem Fall merken, wenn man mir etwas vormacht«, ist deshalb noch lange nicht gegen ihn gefeit. Ein Serientäter zeichnet sich dadurch aus, dass er nicht einfach nur eine weitere Geliebte hat, sondern viele. Er führt eine innerliche Treppe im Kopf, auf der er seine Frauen, entsprechend ihrer Rangordnung, auf höheren oder tieferen Stufen einordnet. Sein Ziel ist es, möglichst viele Frauen gleichzeitig auf dieser Treppe zu halten, um so gleichzeitig über sie verfügen zu können. Als Analogie dazu kann man sich einen

Tellerdreher in einem Zirkus vorstellen. Sein Ziel ist es, möglichst viele Teller gleichzeitig am Drehen zu halten. Dabei müssen die einzelnen Teller, wie bei einem Serientäter die einzelnen Beziehungen, in regelmäßiger Abfolge neu beschleunigt werden, damit sie sich immer weiterdrehen.

Dabei weiß er sehr geschickt mit seinem Doppelleben umzugehen, denn seine Motivation besteht hauptsächlich in vielen wechselnden Geschlechtspartnerinnen zur permanenten Stärkung seines (schwachen) Selbstwertgefühls. Seine Partnerinnen halten ihn für stark, gutaussehend und eloquent, sie würden niemals vermuten, dass er tatsächlich schwach ist. Es ist eine Kunst für ihn, dieses suchtartige Spiel mit dem Feuer. Und »Sex mit der Ex« ist dabei noch eine harmlose Variante. Eine Chance, dem Verführer auf die Spur zu kommen, ist sein zwanghaftes Öffnen kleiner Hintertürchen, die es ihm bei einer Trennung ermöglichen, wieder zurückzukommen. Das Angebot der Freundschaft gehört genauso dazu wie eine plötzliche, schmerzhafte Trennung, die die Begehrlichkeit auf seine Person steigert. Er macht sich interessant durch seine nicht ganz zu durchschauende geheimnisvolle Art. Dabei geht er so vor, dass er – der jeweiligen psychischen Disposition und Erziehung seiner Frauen angepasste – Geschichten erfindet, die einen kurzzeitigen »Ausstieg« aus der Liebesbeziehung als verständlich und entschuldbar erscheinen lassen. Es kann sich, wie bei Matthias, um die Betreuung eines Kindes, die Sorge um ein Familienmitglied, eine langjährige Ehe, aber auch um frei erfundene Mitleidsgeschichten handeln, die keinerlei Bezug zur Realität haben. Der Serientäter ist ein Grenzgänger, also jemand, der permanent an den Rand des Abgrunds seiner Existenz, seines Lebens oder seiner selbstgewählten Rolle geht. Die Gefahr, aufzufliegen oder sich sogar gesundheitlich zu übernehmen, ist immanenter Bestandteil seiner Konstitution und zeichnet diesen Typus Mann aus. Sein Spiel ist deshalb so perfide und auch so schwer zu erkennen, weil der Serientäter, jedenfalls partiell, selbst an seine Geschichten glaubt und sie folglich auch sehr glaubwürdig vorträgt. Er pendelt in seinem Krankheitsbild zwischen Neurose und Psychose. Solange seine Frauen sich nicht untereinander verständigen, ist er deshalb kaum zu entdecken. Seine Kunst besteht darin, einen perfekten Tagesablauf zu präsentieren. Es stimmt alles, aber eben nur teilweise. »Mut zur Lücke« ist dabei sein Motto, wobei er immer wieder Anker in seinen Abläufen findet, die belegen sollen und können, dass er die Wahrheit sagt. Er hält sich nachprüfbar an angekündigten Orten auf, lässt wie zufällig eine Rechnung aus dem in schöner Offenheit genannten Restaurant auf dem Tisch liegen, die keinen Zweifel an seiner Aufrichtigkeit lässt. Seine Kunst besteht darin, die Zwischenräume seiner Tagesabläufe so geschickt zu planen und auszufüllen, dass man ihn nicht greifen kann. Den besten Freund als Ausrede hat er nicht nötig. Sein Spiel funktioniert wie bei einem Schachwettbewerb, viel ausgeklügelter als bei einem Betrüger und bestens durchdacht.

Zudem profitiert ein Serientäter davon, dass seine

Frauen ihn nicht hinterfragen, sie wollen gar nicht so genau wissen, was bei und mit ihm eigentlich los ist, und geben sich mit Halbwahrheiten zufrieden. Auf detaillierte Nachfragen über Unstimmigkeiten in seinem Alltagsgeflecht wird er sichere und zutreffende Antworten geben können. Wenn die Beziehung allerdings durch das Misstrauen einer Partnerin eskaliert, zieht der Serientäter alle Register. Sie wird umgehend zur »Hauptfrau«, er wendet alle Energie auf, um sie auf der »Treppe« zu halten. Er wird versuchen, ihr perfekte Erklärungen zu geben, und vor allem verdeutlichen, die Probleme lägen allein bei ihr. Eine gefährliche Falle ist das besonders für Frauen, die sich Männern gegenüber zurücknehmen und auch Demütigungen hinnehmen, statt sich wirkungsvoll zu wehren. Es beginnt ein Psychospiel, bei dem der Serientäter versucht, seiner Partnerin zu erklären, sie läge mit ihren Vermutungen absolut falsch und bilde sich Hirngespinste ein, sie würde »spinnen« oder wäre schlicht »verrückt«. Er wird ausschließlich jene Vorfälle zugeben, die eindeutig geklärt sind. Alles andere wird – auch wenn es noch so absurd scheint – geleugnet. Ein Serientäter bringt ein enormes Geschick darin auf, selbst die harten Fakten zu verdrehen, zu leugnen und eine angenehmere Wahrheit zu erfinden. Leider nehmen die meisten Frauen diese »Wahrheit« nur allzu gern an, da sie eines hoffen: »Kann es nicht einfach so schön sein wie früher?«

Frauen werden von einem Serientäter also in eine Zwickmühle gelockt: Erstens wollen sie selbst nicht glauben, was sie vermuten, zweitens werden sie von ihrem

Mann sehr bewusst darin unterstützt, dass ihnen ihre Vorwürfe als absurd und in ihrer Massivität kaum glaubhaft erscheinen. Tatsächlich meinen deshalb nicht wenige dann, der Fehler läge bei ihnen selbst, vor allem weil auch Freunde und Freundinnen das bestätigen. Schließlich war er an dem und dem Tag hier oder dort. Auf die ungeheuren Vermutungen der Partnerin eines Serientäters reagiert der Freundeskreis deshalb oft mit dem Satz: »Ich finde, jetzt übertreibst du wirklich.« Dabei haben die Partnerinnen mit ihrem Instinkt meistens vollkommen recht, und darüber hinaus ist die Wahrheit dann oft noch viel schlimmer. Dennoch ist das Eingeständnis dieser Wahrheit schwierig, schließlich vertraut man sich, man liebt sich, und man kennt seinen Partner doch so gut. »Das kann nicht sein«, rechtfertigt die Partnerin eines Serientäters ihn deshalb dann möglicherweise auch noch gegenüber Freunden und Kollegen, die auf das Problem hinweisen. Die Ausgrenzung aus dem eigenen sozialen Umfeld beginnt, und da sie sich mit ihrem engeren Freundeskreis überwirft, stürzt sie nun auch noch weiter in die Abhängigkeit von einem Partner, der es nicht ist. Das Opfer ist also nicht ohne Schuld. Alfred Hitchcock nennt das in seinem Meisterwerk *Marnie* (mit Tippi Hedren und Sean Connery) die »fetischistische Liebe«.

Das nicht Fassbare, das Mysteriöse, löst förmlich einen Sog aus, dem sich das Opfer nicht entziehen kann. Im Zentrum des Problemkomplexes steht dabei die Frage, ob die fortwährende Erniedrigung nicht eine bewusste oder unbewusste Quelle an masochistischer Lust anspricht und deshalb so schwer zu identifizieren beziehungsweise abzustellen ist. Die Diskussion von submissiver oder gar masochistischer Lust im Kontext des Abhängigkeitsverhältnisses ist sehr komplex und stellt eine Wechselbeziehung dar, die auf einer vollständig anderen, weil legitimeren Grundlage basiert. Diese Beziehungsform, die von Männern und Frauen wissentlich und freiwillig eingegangen wird, kann hier nicht gemeint sein. Mich beschäftigt vielmehr die Frage, inwieweit solche devoten Gefühlsmuster bei Frauen angesprochen werden, die sich selbst über diese Neigungen kaum bewusst sind oder diese sogar aus ihrem Selbstverständnis heraus ablehnen würden und dennoch durch eine kräftige unterbewusste Ansprache zum Opfer werden.

Beide Männertypen, Betrüger und Serientäter, sind deshalb so effektiv, weil sie es nahezu perfekt verstehen, sich in Frauen und ihre Bedürfnisse hineinzuversetzen. Vor allem machen sie sich das Wissen darum zunutze, dass Frauen einen perfekten Partner suchen. Dieser Wunsch nach »Mr. Right« ist eine wunde Stelle, die sie geschickt zu instrumentalisieren verstehen. Dabei kennen sie die Schwächen ihrer Geschlechtskollegen genau und können entsprechend reagieren beziehungsweise unglaublich beeindrucken. So kennt dieser Typ Mann das in verschiedenen Publikationen – zum Beispiel *Frauen sind von der Venus, Männer sind vom Mars* – hinlänglich beschriebene »Punktesystem« zwischen Mann und Frau aus dem Effeff und weiß es mit pseudo-romantischen Werten anzureichern. Dem zu entkommen ist fast aussichtslos. Insofern war der bereits beschriebene Porsche-Dandy mit seinen Trockenblumen sehr nahe an der Perfektion des professionellen »Täters«. Aus diesem Fall könnte man schließen, ein Leben als Serientäter sei entsprechend teuer und aufwendig. Weit gefehlt. Serientäter können über einfache Betrüger, die für ihre Affären und Amouren viel Geld ausgeben, nur lachen. Sie lassen sich nicht nur gern einladen und geben den von Alltagsschmerzen, bei härteren Rückholaktionen verflossener Liebschaften auch von heftigen Krankheitssymptomen gebückt gehenden beziehungsweise gebrochenen Edelmann, sondern nutzen auch das Punktesystem geschickt aus. Es funktioniert einfach. Männer, die Frauen nicht verstehen, schenken teure Dinge. Sie glauben, die Cartier-Uhr, die sie verschenkt haben, brächte bei jedem Betrachten einen Punkt auf dem »Haben-Konto« ihrer Angebeteten. Das ist natürlich falsch, es gab dafür lediglich dann einen Punkt, als das Geschenk erfolgte. Ein unvermutet überbrachter Blumenstrauß bringt gar keinen Punkt, sondern schürt Misstrauen, es könnte etwas im Busch sein oder noch weit schlimmer. Ein Serientäter weiß das. Er schenkt jeden Tag eine Blume – das bringt jeden Tag einen Pluspunkt. Dabei ist es unerheblich, ob es sich um ein Gänseblümchen oder eine geklaute Rose handelt. Das tolle Auto, das der ungeübte Amateur meint mit mindestens zwanzig Punkten für sich verbuchen zu können, bringt nur einen Punkt. Schuhe einkaufen zu gehen, dagegen gleich zehn Punkte, auch wenn das für ihn eine eher lästige Unternehmung ist. Dennoch geht ein Profi Hand in Hand mit seiner Geliebten shoppen. Für Männer zählt die Größe und für Frauen die Häufigkeit. Alles auch noch so Kleine wird wertvoll, wenn es regelmäßig und oft erfolgt. Das wachsende Punktekonto ist die wichtigste Basis für den Serientäter. Ein übervolles Konto mit gutgeschriebenen Punkten sorgt dafür, dass die Partnerin nicht abspringt. Zu einer Affäre mit dem Surflehrer ist die Geliebte eines Serientäters zudem kaum verführbar. Er beweist doch täglich seine Liebe, da ist jede Form von Betrug vollkommen außer Diskussion. Dass es sich dabei um eine Strategie handelt, ist für Frauen nicht nur undenkbar, sondern wird förmlich ausgeschlossen: »Das kann nicht sein, das darf nicht sein!« Dieser natürliche Schutzmechanismus, beziehungsweise diese Form des Selbstbetrugs und der Verdrängung arbeitet selbst dann noch hervorragend, wenn ein Serientäter bereits mit seinem Lügengerüst aufgeflogen ist. Sein Punktekonto ist nämlich immer noch voll, voller als alle Konten bisheriger Männer. Und somit findet sie zu ihm zurück, denn es gibt nachzählbare Argumente dafür, die in einer Art unsichtbarer Pro- und Kontra-Liste aufgeführt werden können. Die Konsequenz daraus ist dann möglicherweise die Isolation von guten Freunden und Bekannten, die aufklären und warnen, die deutlich ihre Meinung sagen könnten. Der Kontakt wird abgebrochen, Missgunst vermutet, denn »die können ja alle gar nicht wissen, wie er wirklich ist«, oder »die hätten ja gern selbst so einen tollen Mann«.

So erging es auch der drallen Mara aus Stuttgart. Sie kehrte zu ihrem langjährigen Freund zurück. Alle staunten. Mara, 28 Jahre alt und sehr hübsch, war mit dem 48-jährigen Porschefahrer Peter Kairos liiert, jenem Peter Kairos mit den Trockenblumensträußchen. Sie hatte sich zum x-ten Mal von ihm getrennt, weil sie ihn bei diversen Affären ertappt hatte. Zur vorläufig endgültigen Trennung zwischen Mara und Peter Kairos kam es dann nicht, aber zum Bruch zwischen mir und Mara, als ich versuchte, ihr klarzumachen, dass Peter Kairos nicht der richtige Mann für sie sei. Dieser hatte sich (natürlich ohne Maras Kenntnis) bei einer Partneragentur vermitteln lassen und landete, weil es ein teuflischer Zufall so wollte, bei Maras bester Freundin. Ihre Erklärungen dafür, dass sie selbst Schuld an seinem Verhalten gewesen sei, waren ausführlich und endlos. Zurückgewiesen habe er sich gefühlt, meinte sie. Ihre Schuld sei es, dass er vor ihrer Jugend und Schönheit Angst habe, sie hätte seine Ängste nicht erkannt, sie deshalb zu verlieren. Kurz darauf hörte ich von einer bevorstehenden Hochzeit. Ich kann nicht sagen, dass es mich überrascht hätte. Es ist das letzte, das härteste Mittel des Serientäters, eine Frau, die von der Treppe abzuspringen und ihn zu verlassen droht, davon abzuhalten. »Heirate mich« heißt für ihn jedoch nicht, wie es selbstverständlich sein sollte: »Ich liebe dich«, sondern vielmehr: »Okay, du hast gewonnen, ich erhebe dich zur Hauptfrau«, also auf Stufe eins der Treppe.

Einem Serientäter muss man zugestehen, dass er ein glänzender Zuhörer ist und die Probleme von Frauen kennt. Man kann ihn deshalb auch als »Frauenflüsterer« bezeichnen. Er weiß, dass die Antwort »Nichts!« auf die Frage »Was hast du?« der Anfang einer langen Problemschilderung ist, die er selbst in dreißig Sekunden bewältigen könnte, die nun aber drei Stunden beanspruchen wird. Allerdings hat seine Geduld nur ein einziges Ziel, und das ist Sex. Sex ist für den Serientäter die Motivation und der Lohn seiner Bemühungen. Seine Partnerinnen dagegen glauben, jemanden gefunden zu haben, der sie wirklich versteht, der sich ihrer Gefühle und Nöte endlich annimmt, der Sinn auch für abstruse Vorstellungen und Phantasien hat, der auf die Frage: »Glaubst du, ich bin vielleicht etwas verrückt?« mit einem klaren »Nein« und einem sanften Lächeln antwortet. Dieser Aufbau von Nähe ist weder zufällig noch das Ergebnis tiefen, menschlichen Verständnisses, sondern allein dem Wissen um die Tatsache geschuldet, dass die meisten Frauen Sex nur in Zusammenhang mit Liebe, wenigstens aber mit Nähe und Geborgenheit akzeptieren. Also baut der Serientäter eine Art Potemkin'sches Dorf der Gefühle auf, um »zum Schuss« zu kommen. Das funktioniert nur deshalb so gut, weil Frauen dazu neigen, Männer im Allgemeinen, die besondere Spezies von Blendern aber im Besonderen zu überschätzen. Frauen trauen – fälschlicherweise – Männern genau die gleiche soziale Differenzierungsfähigkeit zu, wie sie sie von sich selbst kennen.

Dabei wirken Männer, jedenfalls in sozialer Hinsicht, nicht nur einfach strukturiert, sie sind es oft auch. Der Erfinder der englischen Fernsehserie *Coupling* stellt fest:

»Frauen sind ungerecht, unzumutbar und unerträglich«. Sie sind also richtig interessant und spannend, wie die Umsetzung des Phänomens in Fernsehformaten wie *Coupling* und *Sex and the City* beweist. Jungs hingegen sind sprachlos. Gut, wenn sich da mal einer findet, der zuhören kann und so tut, als interessierte ihn sogar, was seine Partnerin ihm alles so zu erzählen hat. Dem Zuhörer gehört die Welt (der Frauen). Ein gelegentliches »Ich verstehe dich«, ein Ausdruck des Bedauerns oder nur ein zustimmendes »Hmm« reicht vollkommen aus. Ein Serientäter ist extrem aufwandsbewusst und weiß genau: Bloß keine Ratschläge geben! Der von unerfahrenen Männern in gutgemeinter Absicht ausgepackte Werkzeugkasten des Laienpsychologen ist bei Frauen vollkommen unerwünscht. Wenn eine Frau sagt, der Tag war hart, dann möchte sie gern erzählen, und das muss noch kein Grund dafür sein, dass wirklich etwas Problematisches vorgefallen ist. Im Gegenteil: Frauen verachten Männer, die nach zehn Jahren des Zusammenlebens noch nicht kapiert haben, wann sie als Zuhörer gefragt sind. Für die wirklich »harten Fälle« des Lebens haben viele Frauen eine Hilfequelle, die nie versagt: den schwulen Freund. Sie sind Meister der Ratschläge, und sie dürfen sagen, was bei Heteros mit sofortigem Liebesentzug bestraft würde. Der schwule Freund ist die waffenfreie Zone. Er versteht, wo sonst keiner mehr zuhört, tröstet, hilft und darf deutliche Kritik üben, die sogar gehört wird. Die beste Freundin ist dagegen eine nette Bekannte mit eingebauter Shopping-Funktion. Der Serientäter ist dabei so eine Art Heterotunte. Er weiß ebenso, wann eine Frau nur erzählen und sich ausweinen will. Er simuliert den an einer sexuellen Beziehung desinteressierten Freund und Helfer, um dann im richtigen Moment zuzuschlagen.

Viele Männer, die nach dieser Überwältigungsmethode arbeiten, können sich tatsächlich nicht vorstellen, dass es auch heterosexuelle Männer gibt, die sich tatsächlich für Theater, Ballett, Literatur und so weiter interessieren, wie ein Erlebnis von Thomas Berger, einem Unternehmensberater aus Hamburg, zeigt. Er saß mit dem ihm bekannten Trockenblumen-Casanova Peter Kairos und einem ortsansässigen Notar, der für seine Schwäche für junge Blondinen bekannt war, in einem Straßencafé. Mit am Tisch saß eine atemberaubend schöne junge Blondine, die sich offensichtlich von dem oberflächlichen Gespräch der beiden Oldies gelangweilt fühlte. Allein Reizworte wie »Mädels«, »Schnackseln« und »Formel 1« lösen bei vielen Frauen so nachhaltige Abneigungen aus, dass das Date aus Sicht der Doppelherz-Partner als »gelaufen« bezeichnet werden konnte. Es war ein sonnig warmer Samstagmittag, und die aus Berlin kommende Nicole hatte ein keine Fragen offen lassendes Sommerkleid an. Als Thomas Berger sich der Runde anschloss, begann sie dankbar ein Gespräch mit ihm über eine aktuelle Ausstellung, die sie sich in einer kleinen Hamburger Galerie für moderne Fotografie ansehen wollte. Keine dreißig Minuten nachdem die Runde auseinandergegangen war, musste sich Thomas auf seinem Mobiltelefon eine regelrechte Tirade von Beschimpfungen anhören. Es sei eine Gemeinheit gewesen, Nicole gegenüber die »Intellektuellennummer« aufzulegen. Schiebung! Unlauterer Wettbewerb! Damit hätten sich die Chancen auf eine Liaison für den Notar schlagartig verschlechtert. Ob ihm, Thomas, denn nicht klar gewesen sei, dass dieses Mittagessen eine versuchte Verkupplung gewesen sei. Die »Kulturscheiße« sei ein unfaires Mittel, das man von ihm niemals erwartet hätte, war die junge Dame doch extra aus Berlin »eingeflogen« worden, um den von seiner Frau zwischenzeitlich geschiedenen Notar mit »Frischfleisch« zu versorgen. Dass sich Thomas die Ausstellung tatsächlich angesehen hatte, wollte man ihm nicht glauben. Dass Nicoles Interesse an den Senioren ohnedies begrenzt war, noch viel weniger.

Nun kann man nicht sagen, dass ein Mann, der es versteht, sich in die Welt einer Frau »einzudenken« und ihre Wünsche zu antizipieren, ein Betrüger oder gar Serientäter ist. Aber es ist schon bemerkenswert, dass vor allem Männer, die über ein hohes Maß an Attraktivität – in jeder Hinsicht – verfügen, oftmals verantwortungslos damit umgehen beziehungsweise die geistige oder körperliche Attraktivität ausschließlich als Lockstoff für sexuelle Abenteuer verstehen. Nur so ist es zu erklären, warum so viele Beziehungen bereits nach einigen Wochen wieder beendet sind. Diese »Glühwürmchen« sind kaum in der Lage, den Kraftaufwand durchzuhalten, den es bedarf, um die lockende Fassade stets zu erneuern. Ist das Ziel, die sexuelle Eroberung, erfolgreich erreicht, erlahmt das Interesse schlagartig. Nun kann der Kick nur dadurch aufrechterhalten werden, dass fortwährende Trennungen mit unglaublichem Aufwand (Glühwürmchen wollen scheinen) in Rückeroberungen münden. Es beginnt das, was ich bereits zuvor als Jo-Jo-Spiel bezeichnet habe. Das Unendliche an der Beziehung festhalten und sie auflösen, eine fast psychotische Situation, durch das ein Mann seiner Partnerin zu verstehen gibt, dass es weder mit noch ohne ihn geht, was nur einen einzigen Grund hat: sie nicht endgültig »ziehen« zu lassen, ja sie sogar dermaßen emotional zu besetzen, dass sie gar keine anderen Gefühle zulassen kann; gleichzeitig nutzen die Serientäter die frei werdenden Zeitfenster selbst für andere Abenteuer, um kurz nach diesem erlebten Kick wieder zu ihr zurückzukehren.

Die einzige Maßnahme, einem Serientäter auf die Spur zu kommen, ist eine Taktik des israelischen Geheimdienstes Mossad. Man stellt über Wochen und Monate immer wieder mal die gleichen Fragen, aber aus verschiedenen Blickwinkeln und in anderen Formulierungen. Es ist die einzige Möglichkeit, Lücken im Tagesablauf des Serientäters zu entlarven. Da das Gerüst allerdings mit der schlafwandlerischen Präzision einer gespaltenen Persönlichkeit aufgebaut wurde und damit eben auch nur selten Lücken aufweist, ist es eine langwierige Prozedur. Alternativ kann man sich selbst Fragen stellen, deren Beantwortung ein Bild von der Qualität der Paarbeziehung abgeben kann. Zum Beispiel: Kennt man seine Mutter, und/oder wie reagiert er darauf, wenn man ihn darum bittet, sie kennenzulernen? Wie häufig ist das Paar über

Nacht in seiner Wohnung? Die Sorge eines Serientäters wird es sein, dass dort spontan andere Frauen auftauchen, Beweise zu finden und Anrufe von Geliebten eingegangen sein können. Nichts ist peinlicher als eine fett blinkende rote »8« auf dem Anrufbeantworter in einer nächtlichen Wohnung und die Freundin dann sagen zu hören: »Du hast acht neue Anrufe auf dem AB, willst du die nicht mal abhören, könnte doch wichtig sein.« Weitere interessante Beobachtungen können sein, dass er sich immer unmittelbar nach dem Sex wäscht (»Ich geh mal schnell duschen«) oder in den Lokalen »seiner« Stadt während des ganzen Essens ungewöhnlich nervös in die Runde blickt, kaum etwas sagt und vollkommen abwesend wirkt.

Das ist doch alles übertrieben, mag man da denken, unglaubwürdig, reißerische Stimmungsmache. Im letzten Jahr berichtete das Nachrichtenmagazin *Focus* über den sogenannten »Online-Casanova«. Ein Mitarbeiter eines großen deutschen Telekommunikationsunternehmens hatte es zu nationaler Berühmtheit gebracht, weil er mehr als achtzig Frauen in Internet-Single-Portalen kennengelernt und dann in einem ausgeklügelten Zeit- und Reisemanagement in verschiedenen Städten der Republik auch getroffen und mit ihnen geschlafen hatte. Eine logistische Meisterleistung. Aufgeflogen ist der ungeschlagene Rekordhalter der Serientäter, weil eine seiner Geliebten Verdacht geschöpft und, allein den Abend in seiner Wohnung verbringend, sein PC-Passwort geknackt hatte. Der Computer offenbarte eine atemberaubende Zusammenstellung von Namen, Adressen, detaillierten Niederschriften sexueller Vorlieben, kleinen Eselsbrücken (»Was studiert die noch gleich?«) nebst intimen Bildern, Videos und natürlich einem ausgeklügelten logistischen Konzept. Allen Bekanntschaften hatte der Online-Casanova vorgemacht, sie sei die Einzige, die Wahre, die Frau seines Herzens.

Die Betrogene handelte ebenso entschieden wie originell. Sie erstellte eine passwortgeschützte Internetseite, schrieb alle anderen Frauen an, deren E-Mail-Adressen sie finden konnte, und verschaffte so allen Beteiligten Zugang zur wahrscheinlich spannendsten Online-Community des letzten Jahres. Fortan tauschten sich weit über achtzig Frauen über einen Mann aus, der übrigens auch ein Passwort bekam. Sein Arbeitgeber hatte ihm allerdings zwischenzeitlich gekündigt. Vermutlich wegen nicht angemeldeter Nebentätigkeiten.

Sich online kennenzulernen hat längst nicht mehr den verschwörerisch-romantischen Touch früherer Jahre, sondern ist Alltag geworden – leider auch für Serientäter. Das Phänomen ist so stark verbreitet, dass die *Schweizer Sonntagszeitung* ihm einen umfassenden Artikel unter dem Titel »vielweiberei.com« gewidmet hat. Demnach sind fünf Prozent aller männlichen Mitglieder auf Partnerseiten im Internet anormal auffällige »Serial-Dater«. Männer, die nach statistischen Angaben der Betreiber von Dating-Websites durchschnittlich dreitausend Frauen kontaktieren und geschätzte sechshundert Geschlechtskontakte haben.

In dem US-Fachportal *Onlinedatingmagazine.com* wird dieses Thema umfassend beleuchtet. Die als »Professional Online Dater« bezeichnete Gruppe loggt sich täglich mehr als fünf- bis siebenmal gleich in mehreren Portalen ein und bleibt eine Viertelstunde bis eine Stunde online. »Heavy user«, die ab dreihundert Kontaktversuchen und tausend Log-ins als solche gelten, kommen so schnell auf Hunderte von Geschlechtspartnerinnen. Da es sich bei dieser Gruppe um fünf Prozent aller User handelt, reden wir hier über mehrere hunderttausend Personen, die die Gruppe der Online-Serientäter stellen. Über 70 Prozent davon sind nach Betreiberangaben männlich.

Dabei gibt es, wie in der realen Welt, erfolgreiche Serientäter und »Verlierer«. Die erfolgreichen kennzeichnet, dass sie trotz der erheblichen Frequenz an Rendezvous mit buchstäblich Tausenden von Frauen kaum bei den Beschwerde-Hotlines der Betreiber auffällig werden. Sie sind meist gebildet, schreibgewandt und eloquent im persönlichen Gespräch. Es gehört zur vermeintlichen »Ehrlichkeit«, die eigenen Absichten mehr oder weniger durchscheinen zu lassen, aber nicht zu offen zur Schau zu tragen. Die Verlierer dagegen gehen ungehobelt und standardisiert vor. Kopierte Einheitstexte, unerwünschte Aufforderungen zum Geschlechtsverkehr ohne vorherigen persönlichen Kontakt oder rüde Beschimpfungen bei Ablehnung der Kontaktaufnahme zeigen, dass vor allem Männer zu Hunderttausenden unter dem Mantel des Inkognito-Pseudonyms seltsame Wesenszüge und Neigungen ausleben.

Wer jemanden im Internet kennengelernt hat, kann es als gutes Zeichen für dessen Ernsthaftigkeit werten, wenn er alle Profile löscht, nachdem er seine neue Freundin gefunden hat.

Das Ziel eines Serientäters ist fast ausnahmslos die Erfüllung sexueller Wünsche. Diese Sorte Mann hat erkannt, dass es mit etwas Einsatz und Geschicklichkeit unendlich viele erstklassige, kostenlose Sexualkontakte gibt. Denn ausschließlich darum geht es bei all seinen Bemühungen: Sex.

Der Sadist

Die im ersten Teil des Buches beschriebenen »Betrüger« und »Serientäter« haben Motive für ihr Tun: Jagen und Sammeln. Ein Betrüger legt es nicht darauf an, einen unterlegenen Menschen zum Opfer zu machen, er sammelt Liebschaften. Der Serientäter nimmt gleichwohl in Kauf, seine Partnerin auch zu verletzen, wenn es dem Ziel dient, sie sich gefügig zu machen. In beiden Fällen steht das Motiv des Sexualdrangs beziehungsweise der Sexsucht im Vordergrund.

Dass auch Sadismus – die Freude an seelischer Grausamkeit –, wenn auch in Einzelfällen, ein Motiv bei der Partnersuche und in Paarbeziehungen sein kann, möchte ich anhand des bereits mehrfach erwähnten Jo-Jo-Spiels aufzeigen. Es ist deshalb so effektiv für den Sadisten, weil Frauen meist besonders bestrebt sind, Männer, mit denen sie in einer Paarbeziehung leben, zufriedenzustellen. Genau daraus zieht der Sadist seine Befriedigung. Je mehr eine Frau versucht, ihn zufriedenzustellen, desto mehr quält er sie. Seine Technik ist die gezielte Destabilisierung. Die Herstellung einer stabilen Lebens- und Familiensituation ist zentral für viele Frauen. Denn das in der

Einleitung dieses Buches beschriebene »Programm«, also der Film des Lebens, dessen Hauptrolle man selbst bekleiden möchte, ist die gutgeölte Schiene einer Geisterbahnfahrt mit immer gleichem Ausgang. Dieser Mechanismus kann für den Sadisten insbesondere dann funktionieren, wenn der Wunsch nach einer Familie und das fast religiöse Bekenntnis zu geordneten Verhältnissen fast schon mehr Fixierung denn Wunsch geworden ist. Eine gezielte Destabilisierung dieses Gefühlsgebäudes ist die Grundlage sadistischen Handelns.

Böswillige Andeutungen, Lügen, Demütigungen und frei erfundene Beschuldigungen, die für das Opfer wie aus dem »Blauen« kommen, gehören zu den Werkzeugen dieses Täters. Die Opfer bemerken von dieser Manipulation nichts beziehungsweise verfallen fast in einen Zustand der Lähmung. Diese Lähmung hat drei Ursachen. Erstens wird das Opfer durch den Täter konsequent an seiner Verteidigung gehindert. Zweitens mangelt es dem Opfer an Erkenntnis über die Strukturen und Techniken des Täters, und drittens fehlt es schlicht am Wissen darum, wie sie zu bekämpfen sein könnten.

Die Strategie des Sadisten ähnelt dem Vorgehen des Betrügers und Serientäters. Stets achtet er darauf, niemals im Umfeld auffällig zu werden. Es sind kleine Bosheiten in aller Stille, Erniedrigungen und Gemeinheiten, wohldosiert und schwer dingfest zu machen. Berichtet das Opfer anderen davon, ist die Falle zugeschnappt. Die Aussagen der Opfer klingen für ihr Umfeld unglaubwürdig, die Darstellungen werden als übertrieben oder zu weit hergeholt abgetan. »Du bist aber auch sehr empfindlich/mimosenhaft«, lautet eine verbreitete Reaktion, weil es für die Geschichten des Opfers wenig »handfeste Beweise« gibt oder die Geschehnisse kompliziert und verworren sind. Damit gerät das Opfer in einen Sog aus selbstgewählter (»Die glauben mir ja doch nicht«) und gesellschaftlicher (»selbst schuld«) Isolation. Es ist bedauerlich, dass Menschen, die in seelischen Dingen offensichtlich Hilfe brauchen, ausgegrenzt und alleingelassen werden. Dass eine Reaktion wie: »Die übertreibt mal wieder« nur Hilflosigkeit ausdrückt, aber auch Angst vor dem Thema, ist den betroffenen Zuschauern kaum zu vermitteln. Sie wenden sich schlicht ab. Auch die Psychoanalyse stellt bei der Suche nach den Ursachen vor allem das Innenleben des Opfers in den Vordergrund. Es wird ermittelt, analysiert und geprüft, worin die Schuld des Opfers an der Situation liegt und welche Strategien es verfolgen könnte, um sich selbst zu ändern. Würde ein Mann einer Frau im Park körperliche Gewalt antun, käme niemand auf die Idee, hier nach der Schuld der Frau zu fragen, durch die ihr Gewalt angetan worden ist. Im Falle seelischer Grausamkeit ist das gesellschaftliche Wissen viel geringer, Formen seelischer Grausamkeit werden oft nicht als solche erkannt und auch nicht als Verbrechen eingestuft.

Die Grundfesten Selbstsicherheit und Selbstbewusstsein bieten den natürlichsten Schutzwall gegen Angriffe auf die Seele. In der Erziehung jener Frauen, die mir ihre Probleme mitgeteilt haben, ist das genaue Gegenteil passiert. Auch hier haben sich wohl Schutzwälle der eigenen

Seele gebildet, aber sie haben eine entgegengesetzte Wirkung. »Was uns nicht tötet, macht uns härter« ist eine der dümmsten und gefährlichsten Volksweisheiten.

Letztlich führt jedoch die Unkenntnis über diese Zusammenhänge einer sadistischen Strategie zu einer Abnabelung des Opfers von seinem Umfeld. Erst die Ausgangssituation der Isolation bereitet dann jene Grundlage, die Sadisten brauchen, um ihr Spiel wirksam entfalten zu können. Dabei ist es nicht sehr schwer für einen sadistischen Täter, sein Opfer mit Anspielungen zu repressieren. Das kann so weit gehen, dass das Opfer an den Rand des Selbstmords getrieben wird. Das Ungewöhnliche daran scheint mir vor allem zu sein, dass der Angreifer selbst – vor allem im beruflichen Umfeld – sich auch noch als starke Persönlichkeit profilieren kann. Nicht wenige, vornehmlich Schwache, werden sich ihm auch noch anschließen und ihr Verhalten gegenüber dem Opfer angleichen. Hierbei handelt es sich nicht um das bekannte Mobbing zwischen Gummipalme und Tintendrucker, sondern um eine weitaus schlimmere Variante, weil ihre Quelle in der krankhaften psychotischen Zerstörungswut und Gewaltbereitschaft des Täters zu suchen ist. Aufzuzeigen, dass dieser tatsächlich abnorm ist und sein Handeln eine sadistische Ursache hat, die als Krankheit behandelt werden müsste, ist in unserer Gesellschaft fast unmöglich. Der anklagende Zeuge läuft Gefahr, selbst als krank und labil eingestuft zu werden. Sadisten werden von der Gesellschaft in gewisser Weise bewundert, schlimmer noch, sie werden sogar von ihr gefürchtet. Diese Ausstrahlung hat auf Frauen wiederum eine höchst erotische Wirkung, weshalb es sadistischen Tätern so leichtfällt, Opfer zu finden. Sadisten verstehen es, als Sieger zu glänzen, mit ihrer Stärke zu verführen, zu faszinieren. Während andere Männer schlicht als Waschlappen dastehen, werden Frauen, die für diese Signale empfänglich sind, durch die vermeintliche Stärke von Sadisten angelockt. Sie haben das Gefühl, einen durchsetzungsfähigen Mann, guten Beschützer und Familienvater gefunden zu haben. Und es sind keineswegs naive und unemanzipierte Frauen, die sich davon angezogen fühlen; bei intelligenten Frauen weckt die offen zur Schau getragene Geschicklichkeit des Aggressors große Neugier. In der Anwerbephase könnte das Leben des Opfers kaum besser sein. Es stellt sich zunächst so dar, als hätte sie den Traummann gefunden. Einen starken Mann, eloquent, witzig und mit Ausstrahlung. Dass die liebevolle, perfekte Beziehung der ersten Monate nichts weiter ist als das bereitete Terrain für eine langjährige seelische und körperliche Misshandlung, wird vom Opfer selbst nicht erkannt. Diese »schönen Monate« sind für den Täter deshalb so wichtig, weil das Opfer sich den plötzlichen späteren Sinneswandel nicht erklären kann, die Schuld dafür womöglich sogar bei sich selbst sucht und bestrebt ist, die schöne Zeit wiederherzustellen. Auch die soziale Determination und die eigene Eitelkeit des Opfers tragen zu dessen Blendung bei, bekommt das Paar doch Komplimente dafür, ein schönes oder passendes, vielleicht sogar ein »perfektes« Paar zu sein. Je mehr sich die Frau um den sadistischen Täter bemüht beziehungsweise das ursprünglich schöne Verhältnis wiederherzustellen versucht, desto mehr wird sie vom Täter gequält. Allerdings wohldosiert. Droht das Opfer abzuspringen, weil die Qual zu stark erhöht wurde, kann das Konzept der ersten Monate wieder hervorgeholt und angewendet werden. Die Situation beruhigt sich und wird üblicherweise gegenüber dem Umfeld als »Er hat ja auch seine guten Seiten« oder »In anderen Beziehungen ist ja auch nicht alles perfekt« geschönt. Man könnte sie beinahe als »systemimmanente Charakteristik« bezeichnen, diese Fähigkeit des Täters, bei Bedarf seinen Charme zum Einsatz zu bringen. Es ist eine außerordentlich wichtige Funktion, die sein kriminelles Überleben sichert. Sein Charme ist bei ihm gleichzusetzen mit der Fähigkeit, Akzeptanz im Umfeld des Opfers herzustellen und die Einschätzung anderer Menschen zu manipulieren, die diese wiederum auch dem Opfer mitteilen, beziehungsweise, darauf basierend, dessen Situation einschätzen und bewerten. Sein Charme macht es diesem Täter aber auch möglich, sich selbst und sein Verhalten situativ intelligent anzupassen. Ich verwende die Begriffe aus dem strafrechtlichen Kontext ganz bewusst, denn es ist mir daran gelegen, die Täterschaft des sadistischen Mannes als grausam zu kennzeichnen. Es ist im Kontext unserer derzeitigen Rechtslage schwer, jemanden, der so handelt, zu belangen oder zu verurteilen. Unser Rechtssystem ahndet diese Form der Gewalt nicht, und das Bewusstsein in der Bevölkerung für die Verwerflichkeit sadistischer Handlungen, auch wenn sie sich nicht zwingend in körperlichen Straftaten postulieren, ist bedauerlicherweise eher unterentwickelt. Dabei haben die Angriffe eines Sadisten nur eine Quelle: die blanke Zerstörungswut. Die Gründe dafür sind vielfältig, was sie keinesfalls entschuldigt. Es handelt sich nicht um einen Täter, dessen Handlungsfähigkeit eingeschränkt wäre. Ganz im Gegenteil: Sadisten sind zumeist intelligente und ihre Intelligenz umfassend einsetzende Machtmenschen. Durch ihr charismatisches und dominantes Auftreten gerät jedoch in den Hintergrund der Betrachtung, dass die Ursachen dieses Täterverhaltens in mangelndem Selbstwertgefühl und Selbstbewusstsein, möglicherweise sogar in Psychosen und manischen Depressionen liegen.

Woran erkennt man nun, ob jemand »seelisch grausam« ist? Die Fachliteratur geht dabei von zwei Mustern aus, die als pathologisch angesehen werden können. Zum einen ist das die permanente Wiederholung oder auch Fixierung, zum anderen die fehlende Selbstreflexion des Täters. Er ist quasi unfähig zu der selbstkritischen Frage: »Was habe ich da getan?« Im Gegensatz zum Betrüger oder Serientäter ist der Sadist geprägt von einem hochgradig narzisstischen Weltbild und benutzt die aufgebaute Herrschaft über jemanden, um ihn an sich zu binden und festzuhalten. Zugleich fürchtet er aber zu große Nähe und hat rasch das Gefühl, vereinnahmt zu werden. In der Frage der »Eigentumsverhältnisse« geht es ihm vorrangig darum, Abhängigkeiten zu schaffen und damit seinen Allmachtsbedürfnissen gerecht zu werden. Sein Mittel dabei ist das Vage, das Undurchsichtige. Seine Strategie geht am besten auf, wenn das Opfer im Ungewissen lebt. Dabei ist der Täter von Beziehungsunfähigkeit gekennzeichnet. Nähe stellt er nur her, um einem drohenden »Ausstieg« des Opfers vorzubeugen. Wahre Gefühle spielen dabei keine Rolle. Dass Frauen, deren Gefühlsentwicklung nicht stark oder nur sehr rudimentär ausgebildet ist, die sich also nicht »auf ihr Gefühl verlassen« können, besonders große Probleme haben, diesem Schwindel auf die Schliche zu kommen, versteht sich von selbst. Der Sadist kann auch leicht dadurch erkannt werden, dass er in der Öffentlichkeit dominant und selbstsicher ist und gern auftritt. Zu jedem hat er eine Meinung, zu allem kann er Stellung nehmen. Dabei äußert er sich oft in herabsetzender Form über Dritte oder Zusammenhänge. Wer ein Spinner ist, wohin die Wirtschaft geht, der Dollar oder die Zukunft der Eisbären – nichts ist ihm fremd, außer ihm kann sowieso niemand die Welt richtig einschätzen. Das sind im Wesentlichen Manöver dazu, die eigenen Defizite und sein mangelndes Selbstwertgefühl zu umschiffen.

Ich glaube, dass eine Beziehung, in der ein solches Verhaltensmuster eingerissen ist, kaum »gekittet« werden kann. Denn das Übel liegt im Wesentlichen in den Anfängen der Beziehung. Ein Sadist wird, wie Betrüger und Serientäter auch, erst zu dem, was er ist, indem wir es zulassen. Die Anfänge sind schleichend und erfolgen fast unbemerkt. Es beginnt mit kleinen Respektlosigkeiten, Lügen und Manipulationen. Wichtig ist, dass man das unmittelbar aufdeckt und klar und unmissverständlich zurückweist. Im weiteren Verlauf des Buches, wenn es darum gehen wird, wie man sich eigentlich dieser manipulativen Kräfte erwehrt, wird die Kernfunktion des Selbstschutzes noch ausführlicher erörtert. Sie lautet: Spiele erkennen und Spiele brechen. Denn es beginnt spielerisch. Der Partner testet mit kleinen Spitzen, mit Boshaftigkeiten oder mit Missachtung, ob es eine Gegenwehr gibt. Erfolgt sie nicht, wird er die Dosis erhöhen. Weicht man dann zurück und gibt nach, beginnt unmittelbar das Spiel des Sadisten, und man ist ihm in die Falle gegangen. Das klingt ein wenig wie Kindererziehung, mag man nun denken, und das ist nicht ganz falsch. Ebenso, wie ich dies für die eingeschränkte Gefühlsentwicklungsfähigkeit der Frauen beschrieben habe, so hat natürlich auch der Täter Defizite in seiner Gefühlsentwicklung. Sonst wäre er kaum zur verletzenden Machtausübung gegenüber anderen Menschen fähig.

Die Versuchung ist groß, die Tat des eigenen Partners als »gering« anzusehen und angesichts dieses Buches zu sagen: »Na ja, also pervers ist mein Mann/Freund sicherlich nicht.« Der Selbstbetrug der Betrachtung des Innenverhältnisses einer Beziehung wird aus Selbstschutz gern auf viele kleine Geschichten heruntergebrochen, die für sich betrachtet wenig relevant sein mögen, aber sich in der Gesamtheit dennoch verheerend auf eine Beziehung auswirken, besonders auf das Opfer eines sadistischen Täters. Selbstverständlich gibt es unendlich viele Paare, bei denen eine sexuell motivierte sadomasochistische oder dominant-devote Gestaltung ihrer Partnerschaft in bestem gegenseitigen Einvernehmen stattfindet. Das ist legitim und an dieser Stelle nicht gemeint. Vielmehr ist es für die Opfer von Sadisten bezeichnend, dass sie die Tat nicht als solche erkennen können, vielleicht sogar schon in einen Zustand der Lähmung versetzt wurden. Denn sadistische Anspielungen und Erniedrigungen stellen eine starke negative Konditionierung dar, eine Art Gehirnwäsche. Die stellt sich – und das macht den Missbrauch aus – vor allem bei jenen Opfern ein, die durch traumatische Erlebnisse erheblich vorbelastet sind. Dabei ist es den Opfern gemeinsam, dass sie konfliktscheu sind, keine Konfrontation ertragen und sich leicht unterordnen. Es ist ein Merkmal dieser Beziehungen, dass es zwischen Täter und Opfer nur selten oder fast gar nicht zu Konfrontationen kommt. Vielmehr ist es die wirksamste Waffe des Sadisten, seiner Partnerin die Kommunikation vollständig zu verweigern. Nicht zu sprechen wirkt bei den Betroffenen deshalb so stark, weil in ihnen das Schema: »Ich bin eine Null« wirkt. Es braucht nicht viel, dieses stets präsente Gefühl zu wecken. Da genügt schon ein süffisantes Grinsen oder ein vielsagender Blick.

Abschließend sei die Methode des Sadisten noch einmal zusammengefasst, um zu verdeutlichen, wie man diesen Strukturen möglicherweise auf die Schliche kommt: Das Opfer wird zunächst sehr subtil heruntergeputzt, daraufhin nervös, macht Fehler, es wird gar nicht mehr angesprochen, reagiert linkisch, wird verhöhnt, resigniert, wird als »krank« bezeichnet, explodiert vor Wut, wird als hysterisch oder wahlweise unzurechnungsfähig dargestellt und damit gezielt zerstört. Für Dritte sichtbar, eskaliert die Situation, wenn dem Aggressor seine Beute zu entgleiten droht. Da der Sadist stets versucht, sich gegenüber dem Umfeld ins rechte Licht zu setzen, nutzt er nun konsequent die formalen Möglichkeiten, die der Rechtsstaat bietet. »Ich fordere nur, was mir zusteht« – mit diesem Satz beginnt eine Folter, deren Instrumente als gesellschaftlich unbedenklich gelten. Dazu gehören unter anderem Rechtsanwaltsschreiben, Klagen, Gerichtstermine, Anschuldigungen, Befragungen von Nachbarn als Zeugen. Nur wenn der narzisstische Sadist glaubt, ohne Zeugen zu sein, zeigt er sein wahres Gesicht. Vollkommen zu Recht ist gerade in den vergangenen Jahren ein Bewusstsein für die Probleme rund um das Thema »Stalking« entstanden, beginnt der Gesetzgeber, sich mit diesem Thema intensiver zu befassen. Die einzige Methode, diesem Teufelskreis zu entkommen, ist, das Spiel des Aggressors zu brechen, wenn man seine Spielregeln durchschaut hat. Denn es handelt sich stets um ein Spiel mit sehr klar definierten Spielregeln. Die Befreiung beginnt damit, auszusteigen und sich in aller Entschiedenheit zu sagen: »Da spiele ich jetzt nicht mehr mit.«

Warum es immer
die Falschen sind

Vater war der Erste

Klaus ist 42 und ein Mann, der sich nicht sonderlich schnell verliebt. Das hängt einerseits mit seiner unsichtbaren Scheu vor Menschen zusammen, paradoxerweise aber auch damit, dass er in der vorteilhaften Position ist, sich die Frauen eigentlich aussuchen zu können. Seine rhetorischen Fähigkeiten und seine verbale Stärke machen ihn zu einer stark wirkenden Persönlichkeit, die Männer eher abschreckt und Frauen stark anspricht. Die Ausstrahlung von Klaus lässt sich unter dem Stichwort »Luftverdränger« zusammenfassen. An längerfristigen Beziehungen, die eine echte Investition von Gefühlen beinhalten, war er deshalb – bis zu jenem Tag, an dem Christin in sein Leben trat – nicht sonderlich interessiert.

Christin, 28, eine ruhige, feminin-sinnliche, kluge Frau, ist zirka fünfzehn Jahre jünger; beide lieben sich, doch verschließt sich Klaus vieles, was Christin so macht und tut. Ihm, der sich selten so aktiv um eine Frau bemüht hat, scheint es fast, als könnte er es ihr in keinem Fall recht machen: Kleinste Unaufmerksamkeiten, winzige Stolperfallen im alltäglichen Miteinander arten zu einem ungeahnten Chaos in der Beziehung aus. Zugleich saugen diese Situationen in erschöpfender Weise Energie aus den beiden.

Dabei hat die Beziehung ausgesprochen hoffnungsfroh begonnen. Beide waren sehr verliebt, wobei Christin den Eindruck hatte, dass sie weitaus größere Gefühle für Klaus hegte als er für sie. Klaus hingegen hatte den Eindruck, es habe ihn wirklich »erwischt«, und er kümmerte sich wie nie zuvor um seine neue große Liebe. Sein Umfeld war davon entsprechend überrascht, Exfreundinnen brachen sogar in Tränen aus über der Erkenntnis, dass Klaus doch zu »echten« Gefühlen fähig war, aber auch aus Kummer darüber, selbst nicht Ziel dieser Zuneigung geworden zu sein. Doch insgesamt überwog in seinem Freundeskreis und seiner Familie die Freude darüber, dass eine Frau nun also doch das Herz dieses charmanten Eisblocks erobern konnte. »Er kann was fühlen!«, hörte man es durch den langen Flur des Miteinander-Hospitals rufen, und es klang fast so, als hätte man einen Lahmen zum Gehen gebracht.

Auch Christin spendete die Liebe zu Klaus neuen Mut und Elan. Jedenfalls hatte er ihr mit seinem sicheren Auftreten, seiner charmanten Art, seiner wortgewandten Eloquenz so richtig den Kopf verdreht. Dazwischen spürte sie eine feinfühlige Art, das Bemühen, auf sie einzugehen und sie mit all ihren Problemen zu verstehen. Klaus' Durchsetzungskraft, der Charme und die Ernsthaftigkeit hatten es ihr angetan. Dennoch hegte sie vom ersten Tag an Zweifel an der gesunden Basis dieser Beziehung. Christin fühlte ein Ungleichgewicht, eine Diskrepanz, die Klaus überhaupt nicht wahrnahm, noch nicht einmal in Ansätzen bemerkte. Da Christin das nur andeutungsweise äußerte, ahnte er nicht, welches Unheil ihm da drohte. Christin war – von Klaus weitestgehend unbemerkt – in eine Fixierung auf ihn verfallen. Dass sie ein beschädigtes Selbstwertgefühl hatte, konnte Klaus nicht erkennen. Der Grund dafür war, dass es einfach nicht zu seinen Stärken gehörte, die Welt anderer Menschen durch deren Augen zu sehen. Recht naiv ging er davon aus, dass alle Menschen über ein ähnlich starkes Selbstwertgefühl verfügten wie er selbst. Natürlich wusste er von Unterschieden und hatte diese auch in der Vergangenheit erlebt. Aber niemals hätte er sich vorstellen können, dass jemand so grundlegende Zweifel am Wert der eigenen Person hegen könnte – Zweifel, die so groß sind, dass sie die Betroffenen zu einem Leben mit anderen Menschen nur eingeschränkt befähigt. Diese Form der lebenslangen Behinderung war Klaus vollkommen fremd. Und so verstand er die Signale nicht, die Christin ihm sendete. Sie waren für ihn schlicht nicht zu entschlüsseln.

An einem Samstagnachmittag gingen beide in die Hamburger Innenstadt zum Einkaufen. Es war ein schöner Tag, die Sonne brachte die im Spätherbst bunten Blätter der Alleen zum Leuchten, und auf der Außenalster drehten Segelboote im frischen Herbstwind ihre Runden. Klaus und Christin gingen durch die elegante Einkaufsmeile am Neuen Wall. Dabei bemerkte Klaus gar nicht, dass Christin das Gefühl hatte, ihm stets hinterherrennen zu müssen. Aus seiner Sicht ging man gemeinsam, blieb mal hier, mal dort stehen. Christin erlebte das ganz anders, für sie ging Klaus raschen Schrittes voran, den Takt vorgebend. An einem Schaufenster für Damenmoden blieben sie stehen. Klaus hatte nur eingeschränktes Interesse, murmelte etwas von »Hm, ja, finde ich auch ganz hübsch«, um dann weiterzugehen. Christin blieb noch etwas stehen und war schließlich fassungslos darüber, wie wenig Achtung ihr entgegengebracht wurde. Später sagte sie, dass sie sich wie ein nebensächlicher Gegenstand behandelt gefühlt hätte, ohne Beachtung und ohne jede Aufmerksamkeit. Sein unbedacht dahingeworfenes »Christin?« als Aufforderung, weiterzugehen, erlebte sie innerlich als höchste Missachtung ihrer Person, ihrer Wünsche und Eigenständigkeit. Es war die Spitze eines Eisbergs, den der Überseedampfer »Klaus« weder hatte kommen sehen noch in irgendeiner Form bemerkt hatte. Ihm war gar nicht klar, überhaupt in der Arktis zu kreuzen. Klaus schipperte mit seiner Beziehung bis dahin in der warmen Karibik. Dabei war er vorgewarnt gewesen. Bereits zu Beginn ihrer Beziehung hatte Christin ihn darauf hingewiesen, dass sie Angst davor habe, von ihm »überformt« zu werden. Ein Begriff, den Klaus zunächst gar nicht einzuordnen wusste. Noch nie hatte ihm gegenüber eine Partnerin solche Bedenken geäußert. Da er überaus verliebt war, beachtete er ihren Wunsch und nahm sich, so gut es ging, zurück. Dass er damit einen Teil seiner Persönlichkeit aufgab, teilweise auch seine Sicherheit im Umgang mit anderen Menschen, das Gespür, in Situationen das Richtige zu tun, fiel ihm erst später auf.

Mit der Zeit verschlimmerte sich die Situation der beiden. Klaus baute sich zu diesem Zeitpunkt eine kleine Firma für Farben und Lacke auf. Er achtete stets darauf, dass die Liebe darüber nicht zu kurz kam, denn er war sich bewusst, dass viele Beziehungen durch die Arbeitsbelastung eines Partners in die Brüche gehen. Dennoch war er oft abgelenkt, nervös und mit all den privaten und beruflichen Beanspruchungen überfordert, er hätte in dieser Zeit eigentlich einen schützenden Ort, eine Zuflucht in seiner Partnerin gebraucht. Christin hingegen fühlte sich vernachlässigt und weinte sich jede Nacht in den Schlaf, was Klaus nicht bemerkte, da beide in verschiedenen Städten wohnten. In diesen Nächten dachte Christin, die Beziehung zu Klaus brächte sie im wahrsten Sinn des Wortes »um den Verstand«.

In den folgenden Wochen und Monaten wuchs das Dilemma der beiden, die sich gegenseitig zu stützen suchten und bereit dazu waren, aktiv an der Lösung des Problems zu arbeiten: Man erkennt die große, einzigartige Liebe, erkennt sogar die »Fehlstellung« in der Beziehung und kann sie dennoch nicht korrigieren. Das war im eigentlichen Sinne der griechischen Mythologie eine »Katastrophe« für Christin und Klaus. Ein falsches Wort, eine unbedachte Äußerung, eine grummelige Morgenstimmung, und das kleine Boot der zwei drohte zu kippen, während sie gleichzeitig beide der Meinung waren, enorme Kraft aufzuwenden, genau das zu verhindern. Christin, indem sie versuchte, Klaus jeden Wunsch von den Augen abzulesen, und Klaus, indem er versuchte, alles Negative von Christin fernzuhalten. Doch Klaus fand sich immer öfter auf einem Schlachtfeld wieder, auf dem ihm weder die Regeln noch seine eigene Rolle klar war. Es war eine Schlacht gegen einen Gegner, die er in keinem Fall gewinnen konnte: Christins Vater.

Viele Frauen verlieren im Umgang mit Männern ihr Selbstvertrauen und verstehen selbst nicht, warum das so ist, beziehungsweise wird ihnen dieser Vorgang gar nicht recht bewusst. Sie werden von dem tief in ihnen verankerten Gefühl beherrscht, dass sich niemals jemand wirklich aufrichtig für sie interessieren wird. Diese Grundhaltung – insbesondere gegenüber Männern, die ihnen als interessant und damit fälschlicherweise als überlegen erscheinen – bewirkt, dass die Beziehungen zum anderen Geschlecht einer permanenten Überprüfung unterzogen werden müssen. Das magische Wort lautet »Desinteresse«. Fast mit detektivischem Eifer suchte Christin nach Desinteresse, nach mangelnder Aufmerksamkeit, fehlender Fürsorge und Innigkeit bei Klaus. Das erwies sich für beide als ungeheuer anstrengend, zumal Klaus das zunächst überhaupt nicht einordnen konnte. Für ihn stellten sich viele von Christins alltäglichen Reaktionen als übertrieben oder falsch dar. Was Klaus nicht wissen konnte: In Christin arbeitete ein Programm, das er als Partner weder zu verantworten hatte noch beeinflussen konnte. Klaus hatte es mit einer Frau zu tun, die nicht auf ihn reagierte, auf das, was er tat oder unterließ, sondern stets auf ihren Vater Hermann.

Christin gehört zu den »verlassenen Töchtern«. Das

sind Frauen, die in ihrer Kindheit vergeblich nach Anerkennung durch den ersten Mann, ihren Vater, gerungen haben. Keinen anderen hat sie glühender geliebt, von keinem anderen hätte sie sich mehr Aufmerksamkeit, Beachtung und Liebe gewünscht als von ihm. Es blieb ihr versagt. Der Vater verließ die kleine Familie, als Christin fünf Jahre alt war. Den Augenblick selbst kann sie noch gut erinnern: Ein Augenblick tiefer Verlassenheit für sie, der Anfang einer von praktischen Problemen des alltäglichen Überlebens gekennzeichneten Kindheit und einer lebenslang nicht heilen wollenden Verletzung der Seele.

Christin hatte, bis sie mit Klaus zusammenkam, schon auf diversen Beziehungsbaustellen gelebt, einige Umzüge inklusive. Bisher war ihr Problem aber nur in Teilen sichtbar geworden. Als sie zwanzig war, gehörte sie zu den Mädchen, die »Jungs ranlassen«. Ihr Körper erschien ihr wenig wertvoll, sie hatte kaum einen Bezug dazu, und die Frage, ob sie nun mit einem Jungen schlief oder nicht, war für sie nahezu unerheblich. Es machte ihr sogar Spaß, vor den jungen Kerlen die willige und offene Frau zu geben, um sie dann unvermittelt wieder zu verlassen. Das brachte die Jungs zur Raserei, und Christin bekam das Wertvollste, was es in ihrem Leben gab: Aufmerksamkeit. Der Sex als solcher war ihr unwichtig, die Befriedigung sexueller Lust vollkommen nebensächlich. Sie ließ die Männer ihren Körper benutzen, um damit nicht sich selbst, sondern die Partner, mit denen sie Sex hatte, zu entwerten. Sie rächte sich damit stellvertretend an einem abwesenden Vater, während die nichts ahnenden Jungs wie

Fische im Netz einer Frau zappelten, die in ihrem Verhalten einen Weg suchte, das entwertete Verhältnis zu Männern zu verarbeiten. Christins Drama war es, vom eigenen Vater nicht »beantwortet« zu werden. Das war gleichbedeutend damit, fehlerhaft, schlimmer noch, eigentlich gar nicht existent zu sein. Dadurch verlor Christin das Gefühl für ihren Körper. Sie besitzt wenig Orientierung aus sich selbst heraus, sondern bezieht diese hauptsächlich aus der Resonanz, die ihr Äußeres und damit ihr Körper, den sie als »Hülle« bezeichnet, auszulösen vermag. Doch die männliche Resonanz auf Christins Reize ist auch ein Dilemma. Sie ist eine hochreflektierte, intelligente Frau. Die männliche Reaktion auf ihre Person wird durch körperliche oder sexuelle Reize bestimmt, für Christin ist das besser als nichts, hat aber auch einen bitteren Nachgeschmack, es hinterlässt ein schreckliches Gefühl der Leere und Einsamkeit, das sich zumeist erst Tage später einstellt.

Christin suchte sich für ihre Beziehungen zwei Männertypen. Der eine Männertyp war Christin deutlich unterlegen. Nette Kerle, keinesfalls dumm oder einfältig, aber dennoch Christins eigenem Horizont nicht gewachsen. Mit ihnen hatte sie auch längere Beziehungen, die irgendwann jedoch ihren eigenen Ansprüchen nicht mehr genügten, aber fortgesetzt wurden, weil sie sich aus Gründen der Loyalität dazu verpflichtet fühlte. Sie wollte eben genau nicht so sein wie ihr Vater, der die Familie im Stich gelassen hatte.

Der andere Männertyp zeichnete sich durch einen

deutlichen Altersunterschied zu Christin aus, und dadurch, dass es immer ein »glatter Business-Mann« war. Beeindruckender Auftritt, gute Wortwahl, leicht dominant und die Dinge in die Hand nehmend. Man trifft sich bei einem After Work Club und verabredet sich für ein paar Tage später. Er meldet sich ganz geschäftig von unterwegs und kündigt an, sie am Abend ausführen zu wollen. Sie denkt den Tag über darüber nach, welche Bluse sie anziehen würde, ob Rock, Kleid oder Hosenanzug, und welches Make-up sie auftragen würde, schmeißt aber, eine Stunde vor der angekündigten Abholzeit, dann alles wieder um und zieht doch etwas anderes an. Um diesen Zeitpunkt ruft »er« an, bittet vielmals um Entschuldigung: »Es ist aber auch wieder ein hektischer Tag«, und verlegt den Ort des Treffens in eine nahe gelegene Pizzeria, allerdings eine Stunde später als verabredet. Pizzeria, das bedeutet für sie ein anderes Outfit, also zieht sie sich noch einmal um und trägt ein anderes Make-up auf. Sie prüft noch einmal ihre Frisur und zupft an allen Kleidungsstücken herum. Dann meldet er sich erneut und sagt, er sei jetzt am Flughafen und komme doch eine Stunde später, ob das ein Problem sei. »Nein, natürlich nicht«, lautet die reflexartige Antwort, denn sie ist schon in der Rolle der Tochter, die gefallen will, und fügt sich seinem Ablauf, seinem Programm. Die Sache endet damit, dass er schon nach einem Glas Rotwein in ihrer Wohnung zudringlich wird. Sie kann dem Druck, den er auslöst, nicht standhalten, und so dauert es nicht lange, bis er sich wieder anzieht und verschwindet. Dazwischen hat achtmal sein Handy geklingelt, woraus sie geschlossen hat, dass er doch verheiratet ist. Zunächst meldet er sich nicht mehr, was bei ihr den Motor des Interesses in Gang setzt. Die perfekte Falle. Denn Christin war ja keinesfalls in den Mann verliebt. Sie erfüllte einfach ein Programm, das sie in der Kindheit gelernt hatte und das seitdem wie eine seelische Behinderung in ihr ablief. Der Schlüssel zu diesem Programm lautet »Desinteresse«. Denn so muss er sein, der Mann, von dem dieser Typ Frau »beantwortet« werden will: kalt, gleichgültig, mit einem süffisanten Lächeln der Überlegenheit. Das ist sie, die bekannte Wellenlänge aus dem Radio der Jugend, das ist der familiäre Sound der Kindheit. Um aus der Sache herauszukommen, fand sich gleich ein anderer Mann, doch das Beziehungsmuster blieb gleich.

Diese Falle, in die Hunderttausende Frauen gehen, ist ohne externe Hilfe kaum zu überwinden. Dramatisch wird die Sache, wenn es sich nicht um irgendeinen Mann handelt, sondern tatsächlich um »die große Liebe«. Christins Verzweiflung wegen Klaus ist unendlich, sie kann einfach nicht fassen, wie es möglich ist, jemanden zugleich so zu lieben und trotzdem nicht in der Lage zu sein, eine alltägliche und positiv erlebte Beziehung mit ihm zu führen.

Woher kommt dieses Programm? Wer hat es geschrieben? Und warum hält es so lange vor? Hier geht es nicht um Missbrauch, körperliche Gewalt, Schläge oder psychische Repression. Es geht darum, dass wir in unserer Entwicklung zumeist vom gegengeschlechtlichen Elternteil geprägt werden, wie die Psychologin Julia Onken in ihrem Buch »Vatermänner« feststellt. Das ist gut für Jungen, weil die Liebe der Mutter global ist. Sie prägt die Entwicklung von Männern selbst dann noch positiv, wenn auch die Mutter selbst von ihrem Ehemann, dem Vater, schon lange vernachlässigt wird. Mit dem Erscheinen des Sohnes geht die Sonne auf, weshalb die meisten Männer über ein wesentlich stärkeres Selbstwertgefühl verfügen als Frauen. »Du bist gut, so wie du bist«, ist ein Grundgefühl, das Männern durchweg von ihren Müttern vermittelt wird. Darauf baut unsere gesamte Gesellschaft auf. Unfassbar, welche Platituden unterirdisch aussehende Männer mitunter in Talkshows von sich geben und wie gut sie sich dabei auch noch finden. Frauen sind da zurückhaltender, differenzierter, bescheidener. Sie bekommen diesen Grundstoff des »Du bist gut, so wie du bist« vom gegengeschlechtlichen Elternteil weitaus weniger mit auf den Weg. Frauen werden also im Wesentlichen durch die Beziehung zum Vater geprägt. Und diesem fällt es weitaus schwerer, zu vermitteln: »So wie du bist, bist du ganz wunderbar.« Das ist auch der Grund, warum ich an dieser Stelle den am häufigsten auftretenden Fall: »selbstbewusster Vater« und »unsichere Mutter«, und damit die Geschichte von Christin und Klaus in den Vordergrund stelle. Natürlich gibt es auch die Konstellation »schwacher Vater« und »dominante oder kalte Mutter«. Sie kommt aber aus den bereits beschriebenen Gründen seltener vor. Diese Töchter sind meist etwas unterkühlt, sehr selbstbewusst und zumeist außerordentlich erfolgreich. Selbstverständlich gibt es auch »vergessene Söhne«, die jedoch aus Gründen des Themas dieses Buches hier außer Betracht bleiben.

Christins Vater hatte das kleine Mädchen einfach vergessen. Das war kein Vorsatz oder ernstlich böser Wille. Hermann ist im Grunde kein schlechter Kerl, sondern umgänglich und in Gruppen von geselliger Witzigkeit, ein guter Verkäufer eben. Christin beobachtete den Vater, als sie klein war, und registrierte mit messerscharfer Beobachtungsgabe, dass es natürlich Dinge, Begebenheiten und Menschen gab, die den Vater zur erhöhten Aufmerksamkeit und Zuwendung bewegen konnten. Nur im Hinblick auf sie selbst war das nicht der Fall. Hermann zeigte kein sonderliches Interesse an seiner Tochter. Alle Versuche, sich beim Vater bemerkbar zu machen und um seine Aufmerksamkeit zu buhlen, schlugen für Christin fehl. Hermann hatte seine Tochter vergessen. Es war das väterliche Desinteresse, seine unbeschreibliche Gleichgültigkeit, was Christin einen lebenslangen Schaden zufügte. Das Drama, das Kinder durchleiden, könnte nicht größer sein. Die fortwährende gleichgültige »Nichtbeantwortung« oder gar Zurückweisung der eigenen Person wird als Mangel, als Fehler wahrgenommen. Jedoch kann das Kind den Fehler nicht dem Vater zuordnen, sondern bezieht ihn auf sich selbst, speichert diese Erfahrungen mit dem anderen Geschlecht in seinem Selbstbild. Früh prägt sich in jeder Faser des kleinen Körpers ein: »Ich bin fehlerhaft, mit mir stimmt etwas nicht, ich genüge nicht.« Unendlich brennt der Schmerz darüber, die Liebe zum Vater nicht beantwortet zu bekommen, die fortwährende Hoffnung auf eine Reaktion, auf ein Zeichen des Vaters nicht erfüllt zu bekommen.

Es war dieses Gefühl, das in Christin hochkam, wenn sie meint, winzigste Anzeichen im Verhalten von Klaus zu erkennen, die auf ein Verlassenwerden oder, schlimmer noch, auf sein Desinteresse hindeuteten. Sie horchte in ihn hinein, interpretierte kleinste Äußerungen und Begebenheiten. Ihre Konzentration auf Klaus und das, was er als Nächstes sagen und tun könnte, wurde zu einer allumfassenden Fixierung. Durch die frühkindliche Prägung war Christin zudem von ihren eigenen Gefühlen teilweise so abgeschnitten, dass sie sich voll und ganz auf die Bedürfnisbefriedigung von Klaus konzentrierte. Der in ihrem Leben abwesende und unaufmerksame Vater machte Christin in gewisser Weise willenlos und erzeugte die für sie selbst verhängnisvolle Bereitschaft, alle Forderungen und Erwartungen erfüllen zu wollen, die später von Männern an sie gestellt wurden. Christin entwickelte in ihrer Sexualität schon früh eine Kompensation, eine submissiv-masochistische Erlebniswelt, die die vollständige Fixierung auf ein Liebesobjekt formalisiert und sich diesem bedingungslos unterwirft. Sobald Klaus also etwas Unbedachtes sagte oder tat, war Christins ohnehin fragiles Vertrauen zutiefst erschüttert.

Ein Knopfdruck auf einen für Klaus nicht erkennbaren Auslöser genügte, und die ganze Kindertraurigkeit war wieder da. Als Frau, die sich in hohem Maße selbst reflektiert, wusste sie, dass sie nicht jedes Mal damit zu ihm gehen konnte. Außerdem waren Klaus' Reaktionen voller Unverständnis und pauschaler Zurückweisung, die sie nicht ertragen konnte. Wahlweise genervt oder aufgebracht, kam dann: »Ach, Süße, das ist doch nun wirklich übertrieben.« Vorgetragen mit rollenden Augen und einem Gesichtsausdruck, als hätte Christin nicht alle Tassen im Schrank. Teilweise wurden sie beide in diesen Situationen so aggressiv, dass es sie zutiefst verstörte. Es waren Stunden, in denen sie beide das Gefühl hatten, von einer fremden Hand gelenkt, von einem versteckten Programm gesteuert und zu Handlungen veranlasst zu werden, die nicht zu ihnen gehörten.

Christin hatte zunehmend Angst vor diesen Situationen und den schrecklichen Gefühlen, die immer und immer wieder in ihr hochkamen. Sie schrumpfte dann unter dem Einfluss von Klaus' glatter und kaum zu überbietender Rhetorik auf die Größe des fünfjährigen Mädchens, sie fiel zurück in jenes Alter, in dem sie ihre eigentliche Verletzung durch ihren Vater erfahren hatte. Zitternd und voller Tränen rollte sie sich nachts in ihrem Bett zusammen. Sie fühlte sich dann alleingelassen und einsam, erfüllt von Hoffnungslosigkeit und der völligen Aussichtslosigkeit, an die Gefühle jenes Mannes heranzukommen, von dem sie die ihren so gern beantwortet gewusst hätte. Dennoch war sie am Tag nach solchen Auseinandersetzungen guter Dinge und in der Lage, ihr Leben zu meistern. Sogar besser denn je, stellte sie fest. Die Konzentration auf den Schmerz kumulierte in einem Punkt, der sie energetisch zum Sprung ansetzen ließ, zumindest in Dingen der Karriere. Im Beruf war sie äußerst geschätzt und hochkompetent. Niemand konnte vermuten, welche Qualen sie in der Nacht durchlitten hatte und wie lange ihr diese Gefühle noch nachgingen.

Es war die väterliche Hypothek, die sie mit sich herumschleppte. Eine Art Grundschuld auf einem Beziehungsgrundstück, von dem Klaus keine Ahnung hatte. Das hinderte die beiden daran, so ohne weiteres ein gemeinsames Haus der Gefühle auf ihre Beziehung bauen zu können. Klaus bemerkte wohl, dass das Fundament nicht solide stand. Es brach immer wieder ein, nur verstand er nicht, warum. Er litt unter dem ewigen Auf und Ab der Beziehung und empfand das Zusammensein mit Christin zunehmend als ermüdend und belastend, fand sich und seine Probleme nicht ausreichend beachtet und gewürdigt. Er begann sich nach einer »einfachen« Freundin zu sehnen, einer Frau, mit der es leichter und unbeschwerter hätte sein können. Klaus schämte sich für seine Sehnsucht, begann aber dennoch, sich neu zu orientieren. Er entglitt Christin, die diese Veränderung seiner Bedürfnisse und seines Verhaltens zwar seismographisch wahrnahm, aber vollkommen falsch deutete, da ihr selbst nicht bewusst war, wie stark die Beziehung zwischen ihr und Klaus durch das väterliche Programm gesteuert wurde.

Durch Christins Beziehung zu ihrem Vater wurde ihr Verhältnis zu Männern über die Jahre hinweg konsequent entwertet. Das hängt auch damit zusammen, wie Christin die Beziehung zwischen ihrer Mutter und ihrem Vater wahrgenommen hat beziehungsweise wie Christins Mutter selbst mit der Trennung von Hermann umgegangen ist. Neben der Bewertung des Vaters durch Christins Mutter, die auch kleinen Kindern selbstverständlich nicht verborgen bleibt, also dem von eigener Enttäuschung geprägten Ausleben des Wertegerüsts »Mann«, war diese selbstverständlich bemüht, die Defizite und Versäumnisse des Vaters so gut wie möglich auszugleichen. Dennoch erlebte Christin eine emotionale und finanzielle Mangelwirtschaft an allen Ecken und Enden, hatte der gut verdienende Vater die Familie doch auch wirtschaftlich im Stich gelassen. Die mütterlichen Ausgleichsbemühungen waren im allerbesten Sinn gemeint. Jedoch prägte es das Frauenbild von Christin, dass ihre Mutter offensichtlich Anlaufstelle für alles und jedes war, das schiefgelaufen ist. Nicht allein deshalb ziehen sich Frauen im Allgemeinen viel öfter »jeden Schuh an«. Egal, ob in der Firma oder in Familie und Beziehung, Frauen haben im Fall von Problemen und Auseinandersetzungen weitaus schneller das Gefühl, sie seien an dessen Entstehung oder Entwicklung in irgendeiner Form schuld oder unmittelbar beteiligt.

Die Mutter verwaltete den Mangel und bildete mit den Kindern eine Leidensgemeinschaft, deren negativer Fixpunkt der Vater war, der zwischenzeitlich mit einer neuen Frau und weiteren leiblichen Kindern in der Nachbarschaft wohnte. Doch auch ein leerer Platz in einer Familie ist nach Ansicht des Analytikers Bert Hellinger, dem Erfinder der Familienaufstellung, ein Platz, dem eine Rolle in der Familie zugewiesen wird.

Der Trost der Mutter in dieser Situation war gut gemeint, doch die Umstände und permanenten Probleme verhinderten, dass die Tochter unbefangen und freien Herzens von einem Elternteil bejaht werden konnte.

Halten wir also fest: Der Grunddialog zum männlichen Geschlecht für ein ganzes, langes Leben entsteht für Frauen seltener aus der Beziehung zur Mutter als zum Vater. Hier wird der Film gedreht, der bis ins hohe Alter tausendfach abgespielt wird. Vaters Text wird aufgesagt, seine Versäumnisse werden zu kompensieren gesucht. Eine Frau, die vom Vater nicht ausreichend beantwortet wurde, fühlt sich im Hinblick auf das andere Geschlecht mitunter als »nichts«, als niemand, als Person von geringerem Wert. Tatsächlich gibt es nur wenige Frauen, die sich so, wie sie sind, gut finden. Dieses selbstempfundene Defizit ist ein Milliardengeschenk an die Kosmetik- und Modeindustrie, an Weight-Watchers-Kurse, Botox-to-go-Shops und die plastische Chirurgie. Mir sind internationale Top-Models mit Traummaßen und einem Körpergewicht von 52 kg bei 180 cm bekannt, die abendelang etwas von ihren Problemzonen erzählen oder sich sogar allen Ernstes hässlich und unansehnlich finden und bei Gott nicht wissen, warum sie für diese Jobs von Zeitschriften und Markenartikelunternehmen gebucht werden.

Aber was sind die Gründe dafür, dass es Männern mitunter so schwerfällt, den Töchtern die Liebe und Aufmerksamkeit zu schenken, die diese in ihrer Entwicklung brauchen? Da gibt es eigentlich nur zwei Szenarien: Entweder will ein Mann nicht, oder er kann nicht. Im Fall von Christin war es wohl das Wollen. Hermann ist ein Mann, der einfach nicht wirklich erwachsen geworden ist, was man angesichts seiner ungewöhnlich erfolgreichen Karriere gar nicht vermuten sollte. Sein Spaß am Leben und den Freuden, die es für ihn bereithält, steht im Vordergrund. Seine junge Familie zu verlassen, war die Weigerung, Verantwortung für sein Leben und das seiner Frau und Kinder zu übernehmen, also erwachsen zu werden. Zu seinen Ritualen gehört es, jeden Samstag und Sonntag bei den eigenen Eltern in der Gartenlaube zu sitzen und das Wochenende mit »Mensch-ärgere-dich-nicht«-Spielen zu verbringen. Hermanns Mutter, eine dominante, durchsetzungsfähige Fränkin aus Nürnberg, und sein Vater, ein gutmütiger, wohlwollender Mann aus Oberschwaben, übernahmen für ihn auch seine väterlichen Pflichten und sorgten sich um die zahlreichen Enkelkinder auch dann noch, als Hermann bereits die nächste Frau und die gemeinsamen Kinder zugunsten einer weiteren Frau verlassen hatte.

Christins Vater ging es um seine eigenen Bedürfnisse, rücksichtslos und selbstbezogen. An der Entwicklung seiner Tochter war er nur mäßig interessiert und zeigte auch bei aufwendigstem Werben der Pubertierenden kaum Interesse. Doch er hat damit auch das Männerbild von Christin geprägt. Seine Charaktermerkmale gingen direkt in ihre Einordnung von Männern über. Es funktioniert wie mit dem hässlichen Abziehbild der kleinen Blume auf einer Spülmittelflasche. Das Bildchen mag eine Schande für jede gutgepflegte Küchenkachel sein, aber wenn wir es sehen, weckt es vertraute Erinnerungen an die eigene Kindheit und zaubert ein Lächeln in unser Gesicht. Das Drama für Frauen wie Christin besteht darin, dass sie kaum eine Chance haben, dieses negative Abziehbild ohne fremde Hilfe je wieder loszuwerden.

Neben der Kategorie Väter, die nicht »wollen«, gibt es eine zweite Kategorie. Es sind Väter, die nicht »können«. Männer, deren Emotionen fein säuberlich verschnürt in einem Paket aus Ratio, Zahlen und formelhaften Lebensgrundsätzen auf dem Dachboden des eigenen Lebens liegen. Männer, die aus Mangel an Gefühls- und Herzensbildung, aus einem Gefühl der Unsicherheit heraus nach einem klassischen Rollenverständnis suchen und der Meinung sind, die emotionale Ausbildung der Kinder, insbesondere der Töchter, läge bei der Ehefrau und Mutter. Diese Väter wollen das Beste, sind sich ihrer Verantwortung und Rolle bewusst.

Wie mein Computerfachmann aus Köln, ein bebrillter Bartträger Mitte vierzig, mit starkem pädagogischen Sendungsbewusstsein. In weichen Schuhen mit Kreppsohle und Strickjacke berichtete er mir schraubend von seiner zwölfjährigen Tochter. Morgen gehe er zur Schulleiterin, denn die Lehrerin habe dem Kind im Aufsatz einen Kommafehler angestrichen, den es dort gar nicht gab, war das Komma doch gesetzt. Auswirkungen auf die Note hatte es nicht, doch unterstelle die Lehrerin der Tochter, das Komma dort nachträglich eingefügt zu haben. »Strafrechtlich relevant« sei diese Unterstellung, meinte der prinzipientreue PC-Vater und machte sich auf den Weg, der Tochter wegen eines Kommas auf juristischem Wege zu ihrem Recht zu verhelfen. Zumeist sind es die Väter, die versuchen, mit solchen Aktionen, die ihnen aus ihrer formalen Geschäftswelt vertraut sind, mangelnde Erfahrungen in ihrer eigenen Gefühlswelt zu kompensieren. Sie möchten damit gern ihre Liebe unter Beweis stellen, sich bemüht zeigen. Doch sie selbst bleiben dabei unerreichbar.

Christin und Klaus haben sich schließlich getrennt. Wobei dieser Schritt von ihr ausging. Christin hatte über Monate – fast unbemerkt von Klaus – verzweifelt nach einem Ausweg aus dieser als Hölle empfundenen Situation gesucht. Ein Kind und seine Liebe. Wohin damit? Sie sah ihre Gefühle nicht erwidert und fand nur einen einzigen Ausweg für sich, der dann darin lag, Klaus als Liebesobjekt schrittweise zu entwerten. Jenen Mechanismus, der sie auch schützend mehr schlecht als recht durch ihre Kindheit gebracht hatte. Der Entwertungsprozess lief so lange, bis Christin es schaffte, ihre Liebesenergie in eine andere Richtung zu lenken. Christin überrannte Klaus mit Vorwürfen, die eigentlich an den Vater gerichtet waren, sah in vielen Kleinigkeiten »bekannte Gefahren« und erwartete von ihrem Lebenspartner, was dieser emotional gar nicht leisten konnte. Alles was Klaus sagte, wurde prompt durch den väterlichen Entwertungsfilter gejagt. Sie stülpte ihm das entwertete Vaterbild förmlich über, um ihn und die gemeinsame Liebe zu entwerten. Letztlich stellte sich für Klaus die Frage, was er eigentlich mit dem Mann zu tun hatte, den sie in ihm sah. Zu gern hätte er einen Weg gefunden, ihr die Vaterbrille abzunehmen, um damit den Blick auf die wirkliche Person »Klaus« freizugeben, doch das war mehr, als er von Christin erwarten durfte.

Es war für beide eine sehr schmerzhafte Zeit. Christin durchlitt nochmals alle Kränkungen und Verletzungen ihrer Kindheit, die ganze »Vaterabwesenheit«. Bei Frauen, mit denen ich über diese Mechanismen sprach, zeigte sich in dieser Phase zugleich eine hohe Versuchung, das alte Vaterdefizit, diese extreme Leidensphase zu betäuben mit oberflächlichen Liebschaften oder wahllosem Sex, und der verhängnisvolle Kreislauf konnte von neuem beginnen.

Es gehört zu den bitteren Erkenntnissen der Psychologie, dass traumatisierte Menschen eben gerade *nicht* versuchen, ursächliche Strukturen und Erlebnisse zu meiden. Im Gegenteil, sie wiederholen sie immer wieder. Denn nur das immer wieder – auf unterschiedlichste Art und Weise – unbewusst herbeigeführte Durchleben einer traumatischen Situation, die Wiederholung der Qual (im Falle von Christin der Abschied, das Verlassenwerden, die Abwesenheit der geliebten Person), lindert den Schmerz.

Christin ist auf diese Weise die Gefangene einer nicht enden wollenden Wiederholungsfalle ihrer Kindheit.

Die Gefall-Tochter

Eine emotionale Mangelwirtschaft, wie Christin sie in ihrer Kindheit durchlebte, löst bei Mädchen ein tiefverankertes Gefühl dafür aus, fehlerhaft oder unvollständig zu sein. Manche Kinder entwickeln daraus sogar ein unheilvolles Selbstverständnis der eigenen »Nichtexistenz«. Christin ist eine typische »Gefall-Tochter«. Das ganze Leben ist davon bestimmt, das in der Kindheit erworbene negative Selbstbild loszuwerden. Der Weg dahin führt über den Versuch, Männern auf vielerlei Weise zu gefallen; nicht nur durch eine überdeutlich zur Schau getragene Sexualität werden dann Ersatzväter angelockt, um eine Machtposition ihnen gegenüber aufbauen zu können; die Strategien dieser Frauen sind vielmehr vielfältig. Der Satz, den ich in Gesprächen mit Gefall-Töchtern am häufigsten hörte, war: »Ich glaube den Verstand zu verlieren, nicht mehr denken zu können.« So groß war die dauerhafte Fixierung auf einen Mann und seine Bedürfnisse.

Manche setzen dabei ganz auf Äußerlichkeiten, sie kleiden sich extrovertiert und sexy in grellen Farben, sie gehen joggen, machen Diäten, schminken sich übermäßig oder müssen sich zwanghaft häufig vor einem Date umziehen. Diese Frauen zeichnet eine starke Fixierung auf das »Begehrt-Werden« durch Männer aus. Ihre Erlösungsformel lautet: Werde ich von einem Mann begehrt, existiere ich. Wird diese Erlösung zuteil, ist Sexualität oftmals nebensächlich. Das Ziel ist erreicht, der Mann hat seinen Zweck erfüllt. Für Männer ist bei diesen sehr mit ihren körperlichen Reizen lockenden Frauen dann kaum nachvollziehbar, warum sie, obwohl sie doch ganz offensichtlich so intensiv lockend schöne Augen gemacht haben, sich dann auf einmal zurückziehen und das Weite suchen. Die Gefall-Tochter kann auf Sex oft gut verzichten, da sie meistens ein gespaltenes oder unsicheres Verhältnis zu ihrem eigenen Körper hat – der ihr ja als »Lockwerkzeug« dient. Ein Ausweg stellt für manche Frauen die lesbische Liebe dar, die jedoch von vielen Frauen nicht frei ausgelebt, sondern, von kruden Moralvorstellungen geprägt, nur in verborgenen Winkeln der eigenen Phantasie versteckt wird.

Häufiger als über optische Reize versuchen die Gefall-Töchter – daher die in der Literatur gebräuchliche Bezeichnung – durch gefälliges Verhalten Zuneigung zu erheischen. Schon Dreijährige wissen, auf dem Schoß des Vaters sitzend, welchen Augenaufschlag sie zeigen müssen, um bei Papa Aufmerksamkeit zu erzeugen. Die spätere Verführfrau ist geboren. Bleibt der Vater dennoch desinteressiert, wird die Dosis erhöht. Die Grenzen der nach Aufmerksamkeit ringenden Gefall-Tochter sind damit also fließend. Wir alle kennen solche Frauen aus unserem Bekanntenkreis. Sie versuchen es allen recht zu machen, insbesondere Männern. Sie sind großartige Mitarbeiterinnen, die den von Männern – zur Beförderung der eigenen Karriere – erfundenen »Teamgeist« bestens leben und als »Zuträgerinnen« in vielen Unternehmen und Familienbetrieben nicht nur den größten Teil der »echten« Leistung erbringen, sondern sich dann auch noch mit einer untergeordneten Rolle zufriedengeben, wenn es um die Verteilung der Lorbeerblätter geht. Das Motiv dieser Frauen lautet: »Nur nie wieder in Vergessenheit geraten«, nie wieder das schmerzliche Gefühl des Desinteresses zu erfahren.

Dabei merken die Gefall-Töchter nicht, dass sie längst in die Falle ihrer eigenen Persönlichkeitsentwicklung gegangen sind. In Beruf und Ehe werden sie oft zu einer Art Inventarbestandteil, aus Angst vor der Zurückweisung haben sie die Kraft verloren, aufzubegehren, sich zu wehren, eigene Bedürfnisse zu formulieren. Und wer sich nicht bemerkbar macht, wer nichts fordert, bekommt auch nichts. Das ist nicht notwendigerweise eine beabsichtigte »Strategie« zur Unterdrückung durch Beziehungspartner oder Chefs und Kollegen. Vielmehr wird es einfach »vergessen«, ist doch jeder im Alltäglichen hauptsächlich auf sich selbst und seine Belange konzentriert. Damit schließt sich auf verhängnisvolle Weise der Kreis der betroffenen Frauen auf ihrer verzweifelten Suche nach Beantwortung, nach Resonanz.

Die Leistungs-Tochter

Sie schwört Stein und Bein, dass das Verhältnis zum Vater »super« ist, doch sie sucht nur nach Fütterung der verhungernden Seele. »Daddy ist der Größte.« Wenn schon elterliche Probleme, dann werden sie am ehesten der Mutter zugeordnet. Aber dem Vater? Nie! Und wie er sie gefördert hat, die kleine Tochter. Zuerst zum Ballett, dann zum Reitunterricht: »Mit viereinhalb konnte sie schon lesen, und in der dritten Klasse haben wir sie direkt ins Gymnasium eingeschult.« Charakteristisch für die Vater-Tochter-Beziehung einer Leistungs-Tochter ist zudem, dass die Mutter sehr wenig Zustimmung für sich selbst erhalten hat. Leistungs-Töchter kommen oft aus Familien, in denen der Vater die Mutter nicht sonderlich schätzte und seine ganze Energie auf die Entwicklung der Tochter konzentrierte. Das Vorbild der Mutter scheint dadurch wenig erstrebenswert. Die Tochter erkennt, dass der Wert der Mutter für den Vater gering ist, und schließt sich diesem Wertemuster an. Der hohe »Betreuungsaufwand« des Vaters lässt sowohl die Tochter sowie Außenstehende und natürlich auch den Vater selbst übersehen, dass die »Investitionen« in sein Kind sachlich-fachlich engagiert, aber kaum emotional sind. Auch die Leistungs-Tochter ist damit das Opfer einer Mangelbeziehung, auch ihr fehlt die Beantwortung der eigenen Person durch den Vater. Lautet das Schlüsselwort der Gefall-Tochter »Aufmerksamkeit«, so ist es in diesem Fall »Tüchtigkeit«. Die Aufmerksamkeit und Anerkennung des Vaters wird durch Pauken und Leistung erreicht. Unbemerkt opfert die Gefall-Tochter dabei ihre eigene Emotionalität, denn wer Erfolg haben will, darf sich weder Gefühle noch Emotionen leisten, so die väterliche Maxime, deren Glaubenssatz auf der Idee basiert, ein Leben ohne akademischen Abschluss sei nicht lebenswert.

Doktor Isabel, die schon erwähnte Ärztin aus Hamburg, ist so eine Leistungs-Tochter. Für sie stand die Mutter weit unten in der Hierarchie der Familie und repräsentierte all das, was Isabel selbst nie sein wollte, sie wurde geradezu zum Negativ-Vorbild. Die Mutter verkörperte ein Frauenbild, das Isabel vollständig für sich ablehnte. Der Vater hingegen wurde als ein Förderer, ein Komplize, ein Verbündeter fürs Leben wahrgenommen. Isabel hat eine großartige Karriere gemacht und ist heute Vaters ganzer Stolz. Sie wurde jüngste Chefärztin eines Großklinikums, Dozentin, vielbeachtete Rednerin auf Kongressen und zuletzt auch noch in leitender politischer Funktion mit allen Insignien der Macht ausgestattet. Isabel spielte das Machtspiel der Männer besser als diese selbst. Sie ist im Sinne des Soziologen Georg Simmel »der Fremde, der bleibt«. Sie steht außerhalb der traditionellen Zirkel männlicher Entscheidungsträger und ist dennoch zu intimen Kenntnissen und Einblicken in deren Strukturen befähigt, die sie entsprechend erfolgreich anwendet.

Durch die Orientierung an den Wertemustern des Vaters, die von großer Skepsis gegenüber Gefühlen und Emotionen geprägt sind, lernte Isabel im wahrsten Sinne des Wortes die »Sprache« der Geschäftswelt, wurde mit dem männlichen Wettbewerb früh vertraut. Dabei war nicht zu erkennen, dass sie dadurch bereits seit langem den Kontakt zu ihren eigenen Emotionen verloren hatte. Schlimmer noch, eigentlich hatte sich Isabel nie gefragt, welche Talente in ihr selbst schlummern, was sie selbst gern geworden wäre. Der Vater, Beamter im höheren Dienst, wäre sehr gern Arzt geworden. Doch die Familie konnte die Studiengebühren nicht aufwenden, und so blieb dem Vater eine akademische Karriere verwehrt. Die kleine Isabel hat das möglicherweise schon sehr früh begriffen und gespürt, dass der Weg zum Vater so am einfachsten gelingt. Es waren also nicht kleine Gefälligkeiten oder optische Reize, die Isabel für sich entdeckte, um vom Vater beantwortet zu werden. Vielmehr war es die nachgeholte Erfüllung des väterlichen Lebenstraums. Diese Idee festigte sich sehr früh im Leben von Isabel und wurde bestärkt durch die Tatsache, dass der Vater Fragen und Hinweise zum Thema Medizin sehr offen und interessiert aufnahm, beantwortete, sich also mit seiner Tochter beschäftigte. Doch war es natürlich keine emotionale Beschäftigung, mehr eine Ersatzhandlung, die Isabel aber mit den Jahren für Zuneigung hielt. Es fehlte ihr in Gefühlsdingen schlichtweg an Erfahrung. Sie konnte Liebe nicht von Förderung, Drill nicht von Beachtung und Anerkennung nicht von Zuneigung unterscheiden. Man muss keine psychologischen Vorkenntnisse haben, um zu vermuten, welche Bedeutung das für ihr Beziehungsleben hat. Schwankend zwischen Promiskuität und »problematischen Beziehungen« zu Männern, landete Isabel schließlich glücklich in einer lesbischen Beziehung zu einer Frau, die sehr viel weiblichere Elemente hat als sie selbst, ihr aber dennoch in Sachen Erfolg in nichts nachsteht.

Isabel hat ihr Glück noch gefunden, wenn auch über einen legitimen Umweg. Doch ist das ein seltener Fall. Die meisten Leistungs-Töchter verleugnen konsequent ihre Gefühlswelt. Sie wird sogar als schlecht, als leistungsbehindernd empfunden. Das vom Vater vorgelebte, dominierte Lebensmuster lautet: Ratio ist gut, Gefühle sind schlecht. In der (Geschäfts-)Welt rational geprägter Männer suggeriert Sachlichkeit Schutz und Halt vor den schnellen Veränderungen und der Komplexität, die unsere Welt mit sich bringt. Der Druck, den alltäglichen Anforderungen standzuhalten, wird evoziert durch Haltungen wie »Disziplin« und »Rationalität«. Ziel dieser Haltungen ist es, die Angst in einen Schrank zu sperren, und vor allem, ein Verteidigungs- und Rechtfertigungsgerüst zu haben, wenn etwas danebengeht. Vor allem in Banken und Unternehmen, wo die Unternehmensplanung und mit ihr die wirtschaftliche Zukunft von großer Bedeutung ist, wächst das Bedürfnis, die Dinge scheinrational abzubilden. Da werden komplexe Pläne geschrieben, die in den meisten Fällen nichts taugen, denn wer kann schon vorhersehen, was die Zukunft bringt? Doch wird auf diese Pläne viel Wert gelegt. Sie werden sehr detailliert geprüft und bewertet. Ein hilfloser Versuch, später sagen zu können, man habe aber alles ganz genau geprüft und »die Zahlen« hätten schließlich dies oder jenes ausgesagt.

Dabei zeigen viele Studien, dass Frauen im Beruf oft viel erfolgreicher sind als Männer. Die Dinge intuitiv zu betrachten ist schließlich nicht gleichzusetzen mit Naivität. Ein Zusammenhang, der von Männern im Beruf jedoch allzu gern hergestellt wird, denn irrationale Emotionen dürfen bei weitreichenden Entscheidungen keine Rolle spielen. Das wäre ja naiv.

Doch die Zeiten ändern sich. Nobelpreisträger Mohammad Yunnus reicht Kredite im Rahmen seines Dritte-Welt-Projekts ausschließlich an Frauen aus, er hat eine der größten Banken der Welt (nach Anzahl der Kreditnehmerinnen) geschaffen und eines der bedeutendsten Projekte im Rahmen »Hilfe zur Selbsthilfe« initiiert.

Es ist das Drama von Frauen wie Isabel, dass ihnen der selbstverständliche Bezug zur eigenen Gefühlswelt abgeschnitten wurde, weil sie seit der Kindheit in den Wünschen und Bedürfnissen von Dritten fremdbestimmt worden sind, ohne es zu merken. Es gehört zum Bild dieses Frauentyps, die Beschreibung in diesem Kapitel vollständig abzulehnen und hartnäckig vor sich selbst zu leugnen. Und obwohl Isabel höchste Ämter erreichte und über die eigene Branche hinaus mehr als geschätzt wird, bleibt ihr doch bis zum heutigen Tag die explizite, die ausgesprochene Bewunderung ihres Vaters versagt. Sie tröstet sich mit dem Wissen, dass er sie liebt und schätzt. Und wartet dennoch seit den Tagen der Kindheit auf seine »Beantwortung«. Die meisten Väter versagen der Leistungs-Tochter die Zustimmung und offene Anerkennung, so sehnt sich das ausgehungerte Herz ein Leben lang nach dem einzigen erlösenden Satz.

Die Protest-Tochter

Sie entwickelt große verbale und rhetorische Fähigkeiten, begehrt gegen alles und jeden auf, hat aber vielleicht auch eine Mission gefunden, mit der sie die ganze Familie zu dominieren sucht. Unter den vergessenen Töchtern ist sie die unterhaltsamste. Im harmlosesten Fall geht sie als Punkerin und an jeder möglichen Körperstelle gepierced durch die Welt. Doch die echte Protest-Tochter hat da mehr zu bieten. Sie engagiert sich gegen den Walfang und kauft mit missionarischem Eifer nur Bio-Produkte. Sie unterstützt Obdachlose oder kann Trauben im Sommer nicht essen, »weil da zu viele Pestizide drauf sind«. Sie hat es nicht nötig, um die Aufmerksamkeit des Vaters zu buhlen, sie ringt sie ihm auch so ab. Das Gefallen durch äußerliche Reize, vorteilhaftes Verhalten oder besondere Leistungen hat sie nicht nötig. Sie analysiert messerscharf die Lebensführung und die Weltanschauung des Vaters und konfrontiert ihn mit ihren Erkenntnissen, auch wenn das zu erheblichen Auseinandersetzungen in der Familie führt. Doch auch ihr Blick auf die Mutter ist nicht problemfrei. Wie die Leistungs-Tochter, so lehnt auch die Protest-Tochter die unterwürfige Rolle der Mutter in der Familie ab und zeigt das auch deutlich. Diese Töchter-Typen sind zumeist hochintelligent und in der Lage, sich klar und unmissverständlich auszudrücken. Schlimmer noch, sie verstehen es, die Schwächen ihrer Gegner zu erfassen und sie mit einem kurzen, scharfen Satz auch so zu formulieren, dass Gegenwehr unterbleibt. Doch diese verbale Stärke, das Schnippische, macht anderen Menschen auch Angst, weshalb die Protest-Tochter weitaus weniger erfolgreich ist als ihre leistungsorientierte Schwester. Sie bezieht ihre Bestätigung, die Beantwortung ihrer Person, aus der Konfrontation. Je mehr Kontrahenten, desto besser. Auf Podien und Versammlungen in der Universität nimmt sie es gern mit dem ganzen Saal auf und stört sich keinesfalls daran, wenn die meisten nicht ihrer Meinung sind. Der Widerstand der Masse ist für sie Bestätigung, fühlt sie doch dadurch, dass sie atmet, lebt, wahrgenommen wird. Es ist ihr vollkommen egal, ob sie Zustimmung oder Ablehnung erfährt, sie will beantwortet werden. Dabei kommt es diesem Typ Frau zugute, dass die Welt der mit ihr diskutierenden Männer vollständig aus dem Takt gerät. Männer erwarten in der Regel, sich einer Gefall-Tochter gegenüberzusehen, der Auftritt einer Protest-Tochter löst schon deshalb Irritation und Verunsicherung bei ihnen aus. In Polit-Fernsehtalkshows mit Vertreterinnen der »Grünen« oder der »Linkspartei«, die zuweilen auch noch deutlich jünger als die männlichen Mitdiskutanten sind, wird das gelegentlich auf unterhaltsame Weise deutlich. Männer begegnen diesem Typ Frau mit einer abschätzigen »Also-jetzt-mal-halblang-Attitüde«, einer väterlich pompösen Schutzhaltung. Da wird die hochqualifizierte weibliche Gegnerin gern schon mal als »Mädchen« hingestellt. Eine Bewertung, mit der man es bis zur Kanzlerin bringen kann, wie wir heute wissen. Gleichwohl, die Welt gerät aus den Fugen, wenn das »Mädchen« in schöner Respektlosigkeit den Parteichef oder Gewerkschaftsboss als »Bübchen« deklassiert. Das Spiel ist so alt wie Fernsehtalkshows selbst, und es findet im hysterischen Medienzirkus gern Beachtung. Absurd wird die dargebotene Nummer, wenn sich in der Diskussionsgruppe auch noch eine Leistungs-Tochter befindet. Sie wird dann nur zu gern die Rolle der rationalen, der von Emotionen freien Richterin übernehmen.

Bei der Recherche zu diesem Buch hat mir die 39-jährige Henriette geschrieben, wie sie sich im Verlauf eines Coachings selbst kennenlernte:

»Ich bin eine Protest-Tochter und berichte aus eigener Erfahrung. Mit der väterlichen Erfahrungswelt habe ich mich durchaus identifiziert und fand dort auch Anknüpfungspunkte. Mit meiner Leistungsschwester verband mich, dass ich nicht so werden wollte wie meine Mutter. Ich wollte aufgenommen werden, dabei sein, nicht außen vor stehen. Außen vor dem Kreis jener, die mit ihrer Meinung und ihren Werten ernst genommen werden. Ich habe schnell gelernt, mir mit verbaler Stärke und schneidend kalter Rhetorik Zugang zur Welt der Männer zu verschaffen, aber der Preis ist hoch. Meine Beziehungen, sofern eine solche überhaupt in Sicht war, gingen meistens nicht gut. Männer fühlten sich von mir überfordert oder rasch in die Enge gedrängt. Man(n) konnte es mir allerdings auch nicht recht machen. Lapidare Alltagsfragen mutierten zu Auseinandersetzungen, die für einen normalen Menschen schon etwas Neurotisches hatten. Dabei musste es gar nicht notwendigerweise um wichtige inhaltliche Diskussionen über Kunst, Kultur oder Politik gehen. Es genügten schon Feststellungen darüber, wie viel Reinigungsmittel in den Putzeimer zu kommen hat, wo der Schlauch vom Staubsauger hingehängt wird oder mit welchem Handtuch die Hände und mit welchem das Gesicht abgetrocknet werden sollte. All das waren Fragen, die ich mit großem Ernst meinen Lebenspartnern vorgetragen habe, die daraufhin das Weite suchten. Natürlich nutze ich meine verbale Stärke auch aus voller Freude, mitunter wie ein Kind. Verbalen Höhenflügen und Verspottungen des Gegenübers folgten fachliche Exkurse, die nicht zu beanstanden, weil inhaltlich unbestreitbar waren. Niemand zweifelte an meiner fachlichen Kompetenz, jedoch an meiner weiblichen. Ich wurde zu einer Fachfrau der linken Gehirnhälfte. Ich spürte, dass Freunde und Bekannte – auch Branchenkollegen – meinen Sachverstand, Rat und meine brillante Rhetorik schätzten. Aber wenn es darum ging, wer angerufen wurde, um abends mit in eine Bar oder sonntags mit zum Brunchen zu gehen, dann blinkte auf meinem Anrufbeantworter eine deprimierende ›0‹. Mein eigener Vater ist ein brillanter Mann, der es versteht, sich auszudrücken, und ein Meister des Wortes. Mir wurde erst im Erwachsenenalter klar, dass ich zunächst als Heranwachsende versucht habe, mit ihm darüber in einen Wettbewerb, eine Meisterschaft zu treten, um ihn dann auch irgendwann auf diesem Feld zu schlagen. Das ist mir gelungen, doch hatten sich dieses Verhalten und diese Methode fast unbemerkt auf mein übriges Leben und meine Beziehungen zu Menschen ausgebreitet.

Andere zu verletzen, vor den Kopf zu stoßen und die Reaktionen darauf hinzunehmen, war eine fast alltägliche Situation für mich. Doch glauben Sie nun bitte nicht, ich sei die Meisterin im ›Einstecken‹. Ganz im Gegenteil. Meine emotionale Hornhaut ist viel dünner, als die meisten meinen, und das Gefühl, ausgeschlossen oder nicht akzeptiert zu sein, gehört für mich zu den schlimmsten Verletzungen. Allerdings würde ich darüber niemals sprechen und dies Dritten erst recht nicht zeigen. Ich bin eine hochempfindliche Pflanze, eine Mimose, was bei meinem Umfeld natürlich in keinem Fall auf Verständnis stößt. ›Wer so austeilt, der muss auch einstecken können‹, lautet die Maxime der meisten Menschen in meinem Umfeld. Das macht einsam. Natürlich kann ich auch charmant sein und die Menschen für mich begeistern. Aber die Sache ist fragil. Der Kampf, die Auseinandersetzung und der Widerstand wachen über meine Gefühlswelt. Anders gesagt, es fällt mir schwer, anderen Menschen Einblick in meine Gefühlswelt zu geben, weil ich diese Öffnung als Schwächung meiner Person begreife.

Nun fragen Sie sich vielleicht, mit welchem Typ Mann ich zusammenlebe. Der Mann, der es mit einer Protest-Tochter aushält, hat eine hohe weibliche Komponente. Mein Lebenspartner ist selbst nicht von allzu großem Antrieb und eigenem Ehrgeiz beseelt. Seine Stärken liegen darin, mich auszugleichen. Er ist mehr als fürsorglich, einfühlsam und gleicht meine Härte besänftigend aus, wenn ich mal wieder zu scharf geschossen habe oder jemand in meinem Umfeld verletzt wurde. Dann rennt er mit dem verbalen Notfallkoffer los und glättet die Wogen. Oftmals bemerke ich diese Bemühungen gar nicht, weil sie stattfinden, wenn er sich mit diesen Menschen im Einzelgespräch befindet. Aber auch in Gruppen verteidigt er mich und versucht Verständnis für meine Ausbrüche und Reaktionen herzustellen. Darin unterscheidet sich mein heutiger Lebenspartner von meinem Exmann Carl, der eigentlich ein Protest-Sohn war, das aber nicht zeigen konnte. Carl war ein ›verkappter‹ Protest-Sohn, der es niemals gewagt hätte, seinem dominanten Vater ernsthaft zu widersprechen. Diese Rolle habe ich für ihn übernommen und stellvertretend für ihn gegen seinen Vater gekämpft. Erst viel später wurde mir klar, dass das die Basis unserer Beziehung war. Mit dem Tod von Carls Vater wurde die Bedeutung dieses Kampfes schwächer. Die Bewunderung, die Carl mir entgegenbrachte, basierte auf dem Kampfesmut, den ich gegen seinen autoritären Erzeuger führte. Carl unterstützte mich auch darin und pflichtete mir bei. Als Außenstehender konnte er so tun, als handelte es sich hier um eine neutrale Meinung, die er einbrachte, doch war es eigentlich nur seine Unfähigkeit, selber gegenüber dem Vater aufzubegehren. Letztlich scheiterte unsere Beziehung daran, dass es sich dabei offenbar um eine ›stillschweigende Vereinbarung‹ handelte, aber nicht um eine große gegenseitige Liebe.

Ich muss zugeben, dass lange Jahre meine Traumvorstellung von einer Beziehung und deren reale Umsetzung weit auseinanderklafften. Zum einen war ich durchaus der Meinung, Eifersucht und gegenseitige Monopolisierung des Lebenspartners seien keine Basis für eine langfristige Beziehung. Diese Gefühle kamen für mich aus der Welt der Doppelhaushälften und der Schrebergärten. Als ich um die dreißig war, beschäftigte ich mich sogar mit dem Konzept der Polyamorie – also der Frage, ob man mehrere Menschen gleichzeitig lieben kann – und lebte sogar einige Monate mit einem verheirateten Paar zusammen. Auf der anderen Seite überforderte ich mich mit diesen selbstgesteckten Ansprüchen und geriet dabei immer wieder in einen unkontrollierbaren Wirrwarr der Gefühle. Diese Ausgangssituation habe ich dann wieder mit der Methode meines Lebens übersetzt. Ich verwandelte sie in weitere leidenschaftliche Kämpfe und Widerstand. Meine ganz persönliche Falle schnappte zu. Als Protest-Tochter stand ich wie ein Pferd quer im Stall. Emotional auf dem Knoten des Lebens sitzend und damit in der eigenen – auch wirtschaftlich-beruflichen Entwicklung – permanent mir selbst im Wege stehend.«

Mit Hilfe von außen ist es ihr gelungen, die Programme der Kindheit und die daraus resultierenden Handlungen der Gegenwart zu verstehen.

Die Fallen der Liebe

Das unbemerkte Ungleichgewicht

Davon, wie Frauen auf der Suche nach Liebe, Zuwendung, Partnerschaft und Glück in die Falle falscher Hoffnungen und Wünsche geraten, erzählt dieses Buch. Die Fallen der Liebe werden hier noch einmal besonders thematisiert: Es gibt nur ein knappes Dutzend Strukturen, die immer wiederkehren, also in Variationen für die meisten Paarbeziehungen zutreffend sind. Die Vereinfachung der Zusammenhänge muss dabei noch keine Oberflächlichkeit darstellen, vielmehr kann sie uns bei der Analyse eigener Probleme eine große Hilfe sein.

Er sieht gut aus, ist sehr charmant, witzig und zur Freude seiner neuen Partnerin ein routinierter Gesprächspartner in Gesellschaften. Oftmals sagen Frauen, wenn sie einen solchen Mann kennen lernen: »Mit keinem Mann habe ich bisher so gelacht.« Er versteht es, sie durch permanente Angebote und Ideen zu hofieren, und spinnt so ein verführerisches Netz aus Abenteuer, Exotik und Aufmerksamkeit, in das die Angebetete fallen soll.

Sie ist ihm dennoch, ob bewusst oder unwissentlich, intellektuell, aber auch mental überlegen. Er sieht gut aus, fährt das wichtige, das richtige Auto und ist auch sonst ein durchaus beeindruckender Mann. Zusammen wirken sie wie ein Traumpaar, und jeder für sich betrachtet mag sogar ein Traumpartner sein.

Leider ist es ein Irrglaube, zu meinen, dass zwei Traumpartner auch ein Traumpaar ergeben. Dennoch suchen viele Frauen auch heute sehnlichst den Ritter, den Prinzen, den Eroberer. Diese unerfüllbare Phantasie, die natürlich nicht so offen kommuniziert wird, denn »man ist ja Realistin und hat schon viel gesehen«, ist immer noch sehr weit verbreitet. Mit den Jahren wird der aus dieser fixen Idee resultierende Druck immer größer. Vor allem verstehen die meisten Partner nicht, dass jene Person, die sie für einen Traumpartner halten, dieses Attribut ganz und gar nicht für sich in Anspruch nehmen kann. Tief im Inneren empfindet der Traummann eine nicht kurierbare Unsicherheit, hat Ängste, verlassen zu werden, und befürchtet, dass seine attraktive Traumfrau von anderen Männern nicht nur begehrt werden könnte, sondern dem auch nachgibt.

Das größte Manko, geradezu eine gesellschaftliche Epidemie mit unglaublicher Zerstörungskraft, ist dabei das mangelnde Selbstwertgefühl. Es lässt uns Dinge tun und fühlen, denen rational jeder Boden der Vernunft fehlt. Vor allem Frauen wird immer noch eine Erziehung zuteil, die eine Schwächung des eigenen Selbstbewusstseins impliziert. Davon hat ihr Partner keine Ahnung, er sieht nur das öffentliche Bild und hat seinerseits nicht gelernt dahinterzusehen. Das wiederum bedingt, dass er unglaubliche Kraft aufwenden muss, die Fassade des Traumprinzen aufrechtzuerhalten. Deswegen nenne ich ihn »Glühwürmchen«. Tief drinnen, im Herzen, fühlen sie sich klein und unbedeutend, aber sie strahlen mit großem Energieaufwand die ganze Nacht hindurch.

Männer wollen unbedingt die Besten sein. Da sie nicht ganz genau wissen, ob sie es wirklich sind, wollen sie zumindest die Einzigen sein. Sie werden von Eifersucht und Misstrauen heimgesucht, und sie sind im Zugzwang, ihren hübschen Freundinnen gerecht zu werden. Diesen Zusammenhang der Verlustangst versteht sie nicht, fühlt sie sich doch gleichwertig, ja nach den gesellschaftlichen Standards sogar überlegen; schließlich hatte sie sich doch einen Partner gewählt, der ihr vielleicht nicht direkt unterlegen, aber doch kontrollierbar erschien. Ganz weit hinten meldet sich wohl eine Stimme, die sagt, dass er nicht ganz der optimale Partner ist, doch wird das oft schon seit dem ersten gemeinsamen Tag verdrängt. Der typische Satz lautet: »Eigentlich dachte ich am Anfang, er sei etwas ›zu jung‹, ›zu unerfahren‹, ›wohne zu weit weg‹ etc.«

Es stellt für jeden Menschen ein Problem dar, zu erkennen, dass sich der eigene Partner unterlegen und damit minderwertig fühlt. Dabei neigen vor allem Männer dazu, ihre Defizite heftig zu kompensieren, damit sie nicht öffentlich werden. Matthias, der schöne Makler, hat gleich mehrere Methoden für sich entwickelt, um sein »Überleben« zu sichern. Zum einen wahrt er Distanz. Er sucht sich seine diversen Partnerinnen in anderen Städten, meist mehrere hundert Kilometer entfernt. Distanz ist eine hilfreiche Methode von »Glühwürmchen«, um davon abzulenken, dass sie nicht durchweg glühen und strahlen. Bei ihnen soll stets nur das Beste im Mann erscheinen, und wenn es ihnen gelingt, ihre Partnerinnen auf Distanz zu halten, dauert es sehr lange, bis ihre Defizite sichtbar werden.

Ein weiteres Phänomen ist die »vorweggenommene Rache«. Matthias ist sich, ebenso wie Gabriellas Exfreund Richard König, unsicher über seine wahre Wirkung, und noch unsicherer ist er sich über die Beantwortung seiner Liebe durch Gabriella. Das führt zu seelischen Qualen, die sich schnell als Eifersucht oder in Form von besitzergreifendem Verhalten bemerkbar machen, eher als Folge seiner Angst vor dem Entzug von Liebe als vor deren Verlust. Männer, die oft ihre Liebe schwören, Ängste des Verlassenwerdens äußern oder klammern, gehören in die Gefahrengutklasse A des männlichen Geschlechts. Für sie gilt ein Fremdgehfaktor von über 90 Prozent. Das klingt widersprüchlich, erklärt sich aber rasch. Einer der Gründe, warum Frauen die drohenden Zeichen so leicht übersehen können, ist, dass er immer von Liebe und wahren Gefühlen spricht. Die Angst vor dem Versagen verwandelt er dann in eine Affäre mit einer anderen Frau. Frei nach dem Motto: Du wirst mich ja sowieso mit einem Nachbarn oder Kollegen betrügen, da lindere ich schon mal im Vorfeld meinen Schmerz.

Ein Beispiel für dieses Verhalten wurde unlängst auch in einer Nachmittagssendung im Fernsehen vorgestellt:

Eine junge, attraktive Frau bat um ein Gespräch in der Fernsehshow, um ihren Lebenspartner dazu zu bewegen, in die gemeinsame Wohnung zurückzukehren. Er hatte die gemeinsame Wohnung verlassen, nachdem sie ihm gestanden hatte, im Urlaub einen anderen Mann geküsst zu haben. Mehr sei nicht gewesen. Er wohne seitdem bei einem Freund und verschmähe sie. Das Mädchen wirkte attraktiv und sicher im Auftritt, er eher linkisch und wenig überzeugend. Der Zuschauer war mit diesem Paar mal beim typischsten aller Klischees angekommen: »Wie kommt dieser Typ zu dieser tollen Frau?« In der Befragung durch die Moderatorin stellte sich heraus, dass er aus Eifersucht und Verlustangst stark gegen die Reise seiner Freundin und einer Bekannten in die Dominikanische Republik votiert hatte. Bei intensiverem Nachfragen gestand er dann ein, während ihrer Abwesenheit selbst einen Seitensprung begangen zu haben, von dem Kuss konnte er zu diesem Zeitpunkt allerdings noch nichts gewusst haben. Sein Motiv: Er dachte, sie würde ihn sicherlich betrügen, da wollte er nicht nachstehen.

Die vorweggenommene Rache ist eine Bestrafung ohne Tat, schließlich wird niemand wegen eines Kusses seine Partnerin verlassen. Darin zeigt sich, wie groß und ernst zu nehmen die unterschiedliche Kräfteverteilung, die »Fehlstellung«, in einer Beziehung sein kann. Gabriella, die sich im Grunde ihres Herzens von Anbeginn darüber klar war, dass es ein Gefälle in der Kräfteverteilung zwischen ihr und Matthias gibt, wird sich eingestehen müssen, dass sie die Realität nicht wahrhaben wollte. Es entspricht der Analogie vom einmalig schönen Apfel. Er ist rot und gelb, blank poliert, sieht so saftig und frisch aus, man möchte gleich hineinbeißen. Gabriella erkennt auf der rationalen Ebene, dass er innen mehlig ist und sie ihn sofort wieder ausspucken wird, aber sie stellt ihn sich erst einmal zum Ansehen in die Küche. Dann beißt sie nicht nur einmal, sondern wiederholt hinein. Das Irrationale an diesem Verhalten ist, nicht wahrhaben zu wollen, was bedauerlicherweise für alle Menschen als Binsenweisheit gilt: nicht vom Äußeren auf den Menschen zu schließen. Aber der unterdrückte Wunsch nach dem Traummann ist so groß, dass sie zum Wiederholungstäter wird.

Natürlich gibt es zu den – nicht immer auf den ersten Blick zu erkennenden – Kräfteunterschieden auch die sichtbarere optische Ungleichheit bei Paaren. Attraktive Frauen, die mit einem Mittelklasse-Mann zusammen sind, unterscheiden sich in keiner Weise von Gabriella und Matthias. Für Außenstehende ist ihre Ungleichheit nur augenfälliger, strukturell ergeben sich die gleichen Probleme eines »gemischten Doppels«, wie die Kolumnistin Stephanie Beutler diese Paare nennt. Und schon haben die Amerikaner einen Namen für dieses Phänomen gefunden: »Down Dating«.

Dass sich dieser Effekt vor allem bei Frauen um die dreißig einstellt, hat wohl mit deren Beziehungserlebnissen der letzten zehn bis fünfzehn Jahre zu tun und dem zunehmenden Druck, dass es irgendwann dann doch der richtige Mann für eine längere Beziehung oder auch die Familiengründung sein muss. Nach all den Enttäuschungen soll der Mann nun treu ergeben sein und die Qualitäten eines zuverlässigen Familienvaters mitbringen. Bisher präferierte Partnermerkmale wie die körperliche Attraktivität, die kommunikativen Fähigkeiten oder auch die materiellen Möglichkeiten treten etwas in den Hintergrund. Nach all den Pleiten mit gutaussehenden Karrieremännern sucht die gestresste Dame von Welt nun jemanden, der Bestätigung und Geborgenheit bieten kann. Dabei stellt, erziehungsbedingt, vor allem die Geborgenheit ein wesentliches Motiv dar. Unterstrichen wird dieses Bedürfnis durch die nicht unerheblichen Konfrontationen und Anspannungen, die sich für Frauen aus dem beruflichen Alltag ergeben. Der ist, trotz aller Gleichstellungsbemühungen der letzten dreißig Jahre, immer noch mit deutlich mehr Einsatz der Frauen verbunden, wenn sie beruflich genauso weit kommen wollen wie ihre männlichen Kollegen.

Bemerkenswert ist, dass sich Gabriella immer tolle Typen aussucht, die aber bei näherem Hinsehen wesentlich schwächer sind als sie. Zumeist handelt es sich um den Typ »großer Junge«, der gar nicht erwachsen werden will. Was anfänglich unterhaltsam und abenteuerlich wirkt, wird in der Ernsthaftigkeit einer täglichen Beziehung zur schweren Belastung. Der Mann ist nicht alltagstauglich und nicht bereit, sich in eine verantwortliche Rolle einzufinden. Das passierte ihr in dieser Form nicht nur mit Matthias, sondern auch mit ihrem Exfreund Richard sowie in mehreren darauffolgenden Beziehungen. Erst die Rolle des Schwächeren macht einen »normalen« und gesunden Mann zum Täter. Es ist nicht notwendigerweise so, dass sich die »Täter« bei anderen Partnerinnen genauso verhalten.

Die Lehre, die man daraus ziehen kann, lautet: Leben und lieben Sie nie unter Ihrem Niveau.

Betrug oder der schöne Schein

Gabriella ist eine Art-Direktorin in eigener Sache, eine Lifestyle-Designerin in Liebes- und Beziehungsdingen. Ihr immer verfeinerter und detaillierter ausformulierte Lebensentwurf, gepaart mit einer unglaublichen Angst vor dem Alleinsein, macht sie zu einem potenziellen Opfer von Verführungsangriffen. Alle inneren Warnglocken werden abgeschaltet, wenn die Sache nur gut aussieht. In Amerika gibt es eine treffende Warnung für diese Situation: »If something sounds too good to be true, it probably is« (wenn etwas zu gut klingt, um wahr zu sein, dann ist es das wahrscheinlich auch). Dabei kann ein Glühwürmchen vor allem eines: die Sehnsüchte und Bedürfnisse seines Opfers identifizieren und in geschickte Maßnahmen umsetzen. Matthias brachte mit dem richtigen Timing sein intuitives Verkaufstalent in Stellung, und schon wurde für Gabriella aus dem Stoff »Sehnsuchtserfüllung« ein Kleid auf Maß geschneidert. Es sitzt gut. So gut, dass Gabriella es selbst nach mehreren schlimmen Verletzungen in ihrer Beziehung zu Matthias immer wieder anzieht.

Es gibt nur eine Methode, einen Betrüger zu entlarven:

Man muss ihm nur zuhören. Sein seelischer Druck ist so hoch, dass er einfach erzählen, sich mitteilen muss. Das gilt selbst für abgebrühteste Straftäter. Und weil sie natürlich nicht gern direkt von ihrem Betrug erzählen wollen, teilen sie uns das glatte Gegenteil mit. Ein simples Beispiel dafür ist ein Verkaufsgespräch: Völlig unvermittelt beginnt ein potenzieller Käufer damit, den Verkäufer zu beschimpfen, er bezichtigt ihn sogar des »Über-den-Tisch-Ziehens«. Tatsächlich ist er selbst gerade dabei, das mit dem Verkäufer zu tun (sofern der ihn nicht gerade wirklich »leimen« wollte). Er projiziert seine schlechten Absichten auf den Verkäufer. Wäre »Über-den-Tisch-Ziehen« kein Thema, käme es ihm vermutlich nicht in den Sinn, und er würde es nicht äußern. Jede Anschuldigung, jeder Vorwurf, jede Äußerung in ihr Gegenteil zu verkehren und ernsthaft zu prüfen, ob dies nicht vielmehr die Wahrheit ist, beziehungsweise die Aussage nicht doch ihr Gegenüber mehr betrifft als einen selbst, führt zu erstaunlichen Erkenntnissen. Männer profitieren davon, dass vor allem Frauen viel zu sehr dazu neigen, Probleme auf sich zu beziehen. Wenn man einem Verhandlungspartner gut zuhört und eventuell vorgebrachte Anschuldigungen nicht mehr als solche versteht, sondern als Beichte des Gegenübers, ändert sich schlagartig unser Leben. Wir besitzen auf einmal einen Schlüssel, anderen Menschen in den Kopf zu schauen, man hört einfach aufmerksam zu und stellt dabei alle Aussagen auf den Kopf. Dabei kann man meiner subjektiven Erfahrung nach auf eine einfache Regel vertrauen: Klingt die Inversion gar zu absurd und unglaubwürdig, ist man gerade dabei, sich der eigentlichen Wahrheit zu nähern.

Das ist insbesondere bei starken Eifersuchtsreaktionen anwendbar. Man hört und sieht bei solchen Ausbrüchen Folgendes: Der hängt an mir, klettet, will nicht loslassen, liebt mich über die Maßen. Er meint aber in Wirklichkeit: Ich gehe selbst fremd, komm bloß nicht auf den Gedanken, das auch zu tun, das könnte ich nicht ertragen. Szenen dieser Art sind oft Auswirkungen einer ungleichen Kräfteverteilung, die wir als Ursache begreifen müssen. Sie liegt ausschließlich in der subjektiven Unterlegenheit des Täters.

Ich hatte zur besseren Verdeutlichung in diesem Buch die Aggressoren, die Täter, in drei Kategorien unterteilt. Zunächst die harmlose Variante: der Betrüger. Er ist schwach, gibt sich hin, ist unstet, aber nicht wirklich krank. Schlimmer ist schon der Serientäter. Seine Vorgehensweise ist gezielt, geplant, durchdacht und hat krankhafte Züge. Er weiß allerdings von seiner Sucht und stellt sich zumindest in der einen oder anderen wachen Stunde durchaus in Frage. Seine Krankheit könnte man als Neurose bezeichnen. Pathologisch wird es jedoch beim Sadisten. Sein Verhalten ist psychotisch und sollte behandelt werden. Dem Täter mit einer Psychose sind die Mechanismen gesunder Selbstreflexion weitgehend abhandengekommen, während Neurotiker ihre Taten noch einordnen können.

Konsequenz: Jeder Mensch – und ist er noch so misstrauisch – kann einem Betrüger ins Netz gehen. Es ist durchaus faszinierend, zu beobachten, wie es Menschen immer wieder gelingt, mit dem richtigen »Schlüssel« den gesunden Menschenverstand auszuhebeln und das Opfer jenes Programm abarbeiten zu lassen, das der Täter zutreffend erkannt und aktiviert hat. Der einzige Schutz ist die Kenntnis des eigenen Programms, das Wissen um die eigenen Wunden und ihre Herkunft aus Kindheit und Jugend.

Vater antwortet nicht

In diesem Buch geht es mir darum, herauszustellen, dass viele Paarbeziehungen von seelischer und körperlicher Gewalt bestimmt werden, bei der es Täter und Opfer gibt. Die Beschreibungen der verschiedenen Männertypen und ihrer Verführungsansätze sollen dabei helfen, aufzuzeigen, wie man erkennen kann, dass man sich selbst in einer Opferrolle befindet.

Der Mann, dem man dabei in erster Linie einen Vorwurf machen kann, ist in vielen Fällen der Vater der betroffenen Frauen. Die Beziehung zum Vater ist bei fast allen Frauen, mit denen ich gesprochen habe, gestört und von starkem Misstrauen geprägt. Oftmals wissen die Frauen, dass die Beziehung zum Vater sehr schwierig war. Sie suchen fast zwanghaft das exakte Gegenteil – beziehungsweise was sie dafür halten – und landen in fataler Weise bei den gleichen Strukturen. Die Frage, warum das so ist, führt zurück in die Kindheit und frühe Jugend. In den allermeisten Fällen meiner Gespräche ist der Vater eine dominante Figur, gegen den sich die Familie, geschweige denn die Tochter kaum wehren konnte. In harmlosen Fällen ist der Vater streng und operiert mit bewusstem oder auch unbewusstem Liebesentzug, verbalen Attacken oder mit Zuckerbrot und Peitsche. In schlimmeren Fällen gibt es körperliche Übergriffe, Schläge und sogar Missbrauch.

Auch wenn das Verhalten des Vaters stets gleich war, in vielen Lebensläufen gibt es dennoch eine Zäsur, einen klar zu benennenden Zeitpunkt, in der die Verletzung stattfand, die die betroffenen Frauen bis in die Gegenwart mit sich herumschleppen. Das kann zum Beispiel die Trennung der Eltern bei einer Scheidung sein und das Verhalten des Vaters danach. In manchen Fällen ist die Mutter als Aggressionsobjekt dann nicht mehr greifbar, und der Vater missbraucht die Tochter als Stellvertreterin durch Streit und Missgunst. Da er weiß, dass das ein Fehler ist, folgen auf solche Ausbrüche Liebesbeweise, Geschenke und Entschuldigungen – ein früher Jo-Jo-Effekt, der das Kind emotional vollkommen überlastet. Es ist nicht selten, dass Väter in solchen Ausbrüchen das Kind anstelle der Mutter verurteilen, verdammen und Sätze sagen wie: »Du bist nicht mehr meine Tochter«, oder gar handgreiflich werden. Die Tochter wird, ohne sich dagegen wehren zu können, zu einem frühen Projektionsobjekt der Unzulänglichkeiten des Vaters. Die Schuld für dieses Verhalten sucht die Tochter bei sich und empfindet eine schwere Verantwortungslast für das Unglück der Familie. Es entwickelt sich große Verzweiflung. Viele meiner Gesprächspartnerinnen »ritzten« sich als Pubertierende, hatten starke Suizidgedanken oder entwickelten andere Aggressionen gegen sich selbst. An definierten, gravierenden Kindheitstraumata litt die Ausbildung der Gefühlspersönlichkeit der Heranwachsenden unvermittelt, während andere Persönlichkeitsmerkmale wie Intelligenz, Klugheit, Ratio deutlich stärker ausgebildet wurden, was sich aus zwei Aspekten heraus erklären lässt. Erstens stieg die Konzentration auf die anderen Persönlichkeitsmerkmale und ihre Ausbildung, da die Gefühlswelt kompensiert werden musste, und zweitens wollte die Tochter nie wieder das Gefühl der Abhängigkeit erleben, wie sie es in der Familie erfahren hatte. Sie möchte selbständig erfolgreich sein und nicht die unsägliche Dominanz eines Mannes erfahren müssen. Diese Ausgangslage und Motivation ist mitunter das Grundgerüst für außerordentliche Karrieren und beruflichen Erfolg, der diametral entgegengesetzt zu der innerlichen Verunsicherung steht, die die Tochter in jahrelanger Demütigung als Kind in der Familie erfahren hat. Das Zurückweisen, Herabsetzen, Zurückstoßen ist so tief verankert, dass es ein fester Bestandteil der eigenen Persönlichkeit geworden ist, der aber bis zur Perfektion kaschiert wird. Niemand im Umfeld der jungen Frau kann den Kraftaufwand ermessen, dessen es bedarf, diese Fassade aufrechtzuerhalten. Auch sie ist damit ein »Glühwürmchen« geworden. Allerdings mit gänzlich entgegengesetzten Vorzeichen. Nun begegnen sich zwei »Glühwürmchen« und erkennen sich auch als solche, sie glauben an eine Gemeinsamkeit, etwas unausgesprochen Einendes. Ein Trugschluss, dessen Aufklärung lange auf sich warten lassen wird, sind doch die leuchtenden Argumente nicht von der Hand zu weisen und auch für andere im Umfeld der beiden »Glühwürmchen« deutlich sichtbar.

Der »Schlüssel« liegt also bei vielen Frauen, mit denen ich sprach, in der Beziehung zum Vater. Bei Martina, der Hörfunkmoderatorin, ist der Vater ein dominanter Mann, der als erfolgreicher Arzt und Frauenheld keineswegs der Meinung war, er müsse besondere Rücksichten nehmen. Zum einen machte er unverhohlen klar, sich einen Sohn als Nachfolger gewünscht zu haben, und begegnete seiner Tochter, indem er sie wie einen Jungen behandelte. Trotzdem konnte er seine »Enttäuschung« nicht verhehlen, was sich auf Mutter und Tochter gleichsam auswirkte. Andererseits überzog er die Familie mit Wutausbrüchen, Sarkasmus, Ironie und verächtlicher Herabwürdigung. Er gab Martina das Gefühl, unvollkommen zu sein. Die Mutter entzog sich diesem Verhalten ihres Mannes schließlich durch Scheidung und zog ins Ausland. Martina blieb als Zwölfjährige, also in einer äußerst wichtigen Phase ihrer Entwicklung, ausgerechnet beim Vater und war ihm schutzlos ausgeliefert. Zusätzlich zu den beschriebenen Qualen kam jetzt auch noch der Hass auf die Ehefrau, die ihn verlassen hatte. Stellvertretend für sie musste Martina als Sündenbock des Vaters herhalten, der bisweilen keinerlei Unterschiede zwischen ihr und ihrer Mutter machte. »Ihr Frauen seid doch alle gleich«, war sein Schlüsselsatz, mit dem die Qualen für das Kind begannen. Durch dieses traumatische Erlebnis blieb die Gefühlsentwicklung von Martina quasi stehen. Was symptomatisch für Kinder in dieser Situation ist, setzte auch bei Martina als Opfer dieser sadistischen Aggression ein: Sie schützte sich durch einen Spaltmechanismus, der ihrer Seele in dieser ausweglosen Situation Zuflucht bot. Dafür bezahlt sie nun teuer und lebenslang, tragen diese Kinder doch fortan einen »toten Kern« verstümmelter Gefühlsbildung in sich.

Des Vaters Quälbesteck war neben Sarkasmus und Ironie vor allem die Verweigerung der Kommunikation. Er redete schlicht nicht mit Martina. Man kann es fast als charakteristischste Waffe von Tätern bezeichnen. Dies ist allerdings nur der erste Schritt. Greift er, wird im zweiten Schritt mit Liebesentzug das eigentliche Vernichtungssystem aufgefahren. Die Motive des Vaters möchte ich nur am Rande skizzieren, sofern sie als kindliche Prägung bei den Opfern bedeutsam für die Auswahl der späteren Lebenspartner sind. Unschwer ist zu deuten, dass der Vater sich seiner Frau und später seiner Tochter (als Projektionsobjekt) unterlegen fühlte. Martina ist intelligent und hat die Gabe, das auch messerscharf und äußerst pointiert vorzutragen. Dabei hat sie die Lacher auf ihrer Seite. Eine Gabe, die ihre Karriere beim Rundfunk sicherlich beflügelte. Doch sie ist das Ergebnis der Repression durch ihren Vater und einer Überkompensation, die sich aus dem Zurückbleiben ihrer Gefühlsintelligenz entwickelt hat. Ihre überdurchschnittliche Schlagfertigkeit, die mitunter sehr verletzend sein kann, verstärkte die Gefühle der Minderwertigkeit beim Vater. Dieser begann nun auszulöschen, was sein Kind zu viel an Begabung hatte, um sich diesen eigenen Mangel nicht eingestehen zu müssen.

Wir haben im ersten Teil des Buches festgestellt, dass von den betroffenen Frauen oftmals Partner ausgesucht werden, die vordergründig »leicht zu handhaben« sind. Nette Jungs, die allerdings erst bei sehr viel genauerem Hinsehen alle Merkmale des eigenen Vaters aufweisen. Mag sein, dass es ebenfalls starker Alkoholgenuss ist, vielleicht ist es ein physisches Merkmal oder einfach eine Ähnlichkeit in Gang, Körperbau, Sprache oder eine vertraute Gesichtssymmetrie. Diese kleinen Details werden ausschließlich unterbewusst wahrgenommen, wirken jedoch beruhigend und verlässlich, weil bekannt.

Charakteristisch ist, dass sich Frauen wie Martina regelmäßig stark zu verlieben glauben. Dabei sprechen Männer bewusst oder unbewusst genau jene Defizite bei der Partnerin an, nach denen sie Ausschau hält. Die Reaktion des Verliebens fällt kindlich und heftig aus. Sie ist durch erklärendes Zureden des Umfelds (»Du gehst wieder in die gleiche Falle«) nicht zu verhindern. Martina hat in einer solchen Stimmung gleich mehrfach nur wenige Wochen nach dem ersten Kennenlernen geheiratet. Der männliche Partner spricht in diesem Moment offensichtlich jenes defizitäre Element in der Persönlichkeitsstruktur der Frau an, das sie selbst zutreffenderweise für unterentwickelt hält, nämlich das Gefühl. In diesem Moment ist es, als würde ein »Schalter« umgelegt, und es kommt jenes zwölfjährige Mädchen zum Vorschein, das zu diesem Zeitpunkt die Entwicklung seiner Gefühlspersönlichkeit abgestellt hatte und diesen Teil verkümmern ließ. Andere Persönlichkeitsmerkmale wie Ratio, soziale

Klugheit oder Besonnenheit werden abgeschaltet. Eine erwachsene Frau von Mitte dreißig verhält sich wie eine Heranwachsende. Im harmlosesten Fall ist es kindliche Verliebtheit, die sich im Umfeld kaum jemand erklären kann (»Biggi ist schon wieder verliebt, hält wahrscheinlich auch wieder nicht so lange«), in schlimmeren Fällen wird geheiratet.

Die Verwechslung von Gefühl und Sentimentalität ist nicht nur bei den hier beschriebenen Frauen ein Problem. Mir scheint, dass es sich um ein gesellschaftliches Phänomen handelt, das bei kollektiven Traueranlässen besonders augenfällig wird. Die Massenhysterie im Todesfall der englischen Prinzessin Diana kann nur so gedeutet werden, dass es hier ein unausgesprochenes gesellschaftliches Einvernehmen gab, seine Gefühle dergestalt zu zeigen. Es war sicherlich ein tragischer Unfall, dennoch sind die vielen emotionalen Äußerungen darauf bizarr, kannte doch niemand die Verunglückte persönlich. Kann es also sein, dass wir immer öfter Gefühl und Sentimentalität verwechseln? Vor allem junge Menschen folgen vorgelebten Gefühlsmustern, die das Fernsehen als Schablonen anbietet. Wenn dem so wäre, böte sich eine fatale, weil zu missbrauchende Möglichkeit der Emotionalisierung von Massen, wenn nur die passenden, den richtigen Auslöser treffenden pathetischen Bilder gezeigt werden.

Das Problem der Substitution von Gefühl durch Sentimentalität bei Frauen, die in ihrer Gefühlsentwicklung stehengeblieben sind, ist der Schlüssel zu vielen Missverständnissen. Einem ausgebildeten Betrachter oder einem

Psychologen wird dies sicherlich sichtbar. Ein Partner jedoch wird kaum Chancen haben, die Reaktionen und Haltungen seiner Partnerin zu deuten. Missverständnisse im gegenseitigen Umgang sind unausweichlich, auch wenn der Partner kein Serientäter oder Sadist ist, der vorsätzlich handelt. Ich habe mit Frauen gesprochen, die letztlich zugeben mussten, sich an den Gefühlsrollen aus *Gute Zeiten, schlechte Zeiten*, einer Daily-Soap, zu orientieren, weil sie sich im Hinblick auf die Äußerung ihrer eigenen Gefühle unsicher und unwissend fühlen. Dazu kommen oftmals stark ausgeprägte Verlustängste, die Angst vor dem Alleinsein beziehungsweise Verlassenwerden und das in der Kindheit und Jugend bezogene Stereotyp, nichts wert beziehungsweise unfähig zu sein. Insbesondere bei starken, lebensbedrohlichen Ereignissen der erwachsenen Frau, wie zum Beispiel dem Abort von Gabriellas ungeborenem Kind, wird die ganze Verantwortungslosigkeit des Partners plötzlich sichtbar und führt zu tiefgreifenden Verletzungen. Er kann nicht wissen, dass sie ihn vor allem wählte, weil er ihr unkompliziert, nett und ungefährlich erschien. Er ist eigentlich kein äquivalenter Partner. Die Kräfte sind, so fand sie stets in der Tiefe ihrer Seele, unterschiedlich verteilt, was sie aber vor dem Hintergrund der elterlichen Erfahrung (der Vater repressierte die Mutter) in Sicherheit wog. Nach der ersten Verliebtheit beginnt der Partner an sich zu zweifeln und hat große Angst, eine so tolle Frau (selbständig, schön, erfolgreich) zu verlieren. Er sieht sich in der Verliererrolle und hat kaum eine Ahnung, wie es wirklich in ihr aussieht. Nur wenige Paare sprechen darüber. Nicht, weil sie es nicht wollten, sondern zumeist, weil sie beide nichts von sich selbst wissen. Nun beginnt er mit dem, was bisher als »vorweggenommene Rache« beschrieben wurde. Aus einem Mangel an Selbstwertgefühl betrügt er sie. Sie ahnt es, fühlt sich zurückgewiesen und ist damit wieder in der Falle ihrer kindlichen Misshandlung respektive Erziehung. Da ihr diese Struktur quasi anerzogen wurde, beginnt nun ein Teufelskreis, aus dem sie sich kaum befreien kann. Der Angreifer ist in der Lage, die Beziehung immer wieder zu beenden, um sie gleich darauf wieder zu aktivieren. Zurückweisen und Wieder-Heranziehen ist leider ein gelerntes Moment im Leben dieser Opfer. Bedauerlicherweise repliziert sich damit die Rolle des Vaters in diesem eigentlich so bedachtsam auf Harmlosigkeit ausgewählten Partner. Dieser ist permanent in seiner Rolle überfordert. Als Mann fühlt er sich nicht gewachsen, beruflich ist sie ihm möglicherweise überlegen, oftmals auch im Auftreten (»Alle schauen immer auf dich«).

Es wäre also zu kurz geschlossen, zu sagen, der Fehler liege letztendlich durch die Wahl des Partners bei ihr selbst. Sie hat jemanden gewählt, bei dem das unbeschwerte jungenhafte Auftreten, eine gewisse Harmlosigkeit oder eine Frauenheldrolle im Vordergrund stand. Diese Oberflächlichkeit können beide aus ihren unterschiedlichen Rollen als »Glühwürmchen« bestens ausfüllen. Das führt bei ihr zu einem dramatischen Missverständnis im Hinblick auf diese Partnerschaft. In der Falle sitzend, verstärkt sich dabei das Gefühl, »mal wieder« an allem schuld zu sein, zieht sich doch diese Struktur wie ein roter Faden durch ihr Leben. Zu nahe liegt der Schluss, dass sie es wohl selbst sein müsse, die fortwährend diese Beziehungsstörungen verursacht. Damit beginnt eine Spirale der Selbstzweifel, genährt aus vermeintlichen Belegen aus der eigenen Vergangenheit. Formen alltäglicher Unterdrückung nimmt die Sache dann an, wenn der Partner als Täter beginnt, diese Schwäche ihres Selbst für seine Zwecke auszunutzen. »Du spinnst ja schon total« ist wahrscheinlich die häufigste Replik auf das zutreffend erkannte Muster beim eigenen Mann. Der Betrüger ist ertappt und zieht nun die letzte Karte: einen sadistischen Übergriff auf das Opfer. Sein einziges Ziel ist es dabei, sein eigenes Tun zu verschleiern, seine Deckung zu wahren.

Konsequenz: Wer sich hier erkannt hat, sollte sich Hilfe suchen und diesen Coach weniger als Arzt denn vielmehr als »Übersetzer« sehen. Möglicherweise ist man schon viel zu lange »lost in translation«.

Gehört ist nicht verstanden

Auch in der Beziehung mit einem »normalen« Mann ist Kommunikation von herausragender Bedeutung für die langfristige Qualität der Partnerschaft. Männer sind es gewohnt, in Machtstrukturen zu denken, auch dann, wenn sie keine Bücher wie Clausewitz' *Vom Kriege* im Bücherregal stehen haben. Mir ist ein Frankfurter Familienunternehmer bekannt, der jedem Besucher seines Büros eine verschweißte Ausgabe von Machiavellis *Der Fürst* in die Hand drückt, quasi als Lebensbetriebsanleitung. Man mag das belächeln, aber die Wahl dieser Art von Literatur kommt nicht von ungefähr. »Männer sind Soldaten«, sagte einmal die Chefredakteurin der Zeitschrift *Bunte*, Patricia Riekel, in einem Gespräch zu mir. Das klingt erschreckend, ist aber zutreffend. Im Beruf und im Privatleben kommunizieren Männer und Frauen auf verschiedene Art und Weise und reden dabei oft aneinander vorbei. Die unterschiedliche Gesprächskultur von Männern und Frauen kann man jeden Abend in den Restaurants der Stadt beobachten. Sie denkt: »Mir ist kühl, es zieht«, und sagt: »Herr Ober, finden Sie es nicht auch etwas frisch?« Der Ober denkt sich, eigentlich finde ich es nicht kühl, und tut nichts. Was der Ober braucht, ist eine Anweisung: »Herr Ober, schließen Sie bitte das Fenster, mir ist kühl.« Vermutlich kennt jeder die Situation, in der ein Paar am Restauranttisch sitzt und sie zu ihm sagt: »Schmeckt dein Gericht auch so gut?« Antwort: »Hm, ja.« Sonst keine Reaktion. Dass sie indirekt danach gefragt hat, ob sie mal kosten dürfe, hat er nicht verstanden. Wenn man sich bewusst macht, dass Männer Soldaten sind, dann impliziert das, auch so mit ihnen zu kommunizieren. Damit meine ich natürlich keinen Kasernenton, aber klare, direkte Sätze. Mehr noch als in einer Partnerschaft hat das im Beruf Bedeutung. Unendlich viele Frauen beschweren sich nach fünfzehn Jahren in einer Beziehung, nicht geheiratet worden zu sein, um dann erstaunt feststellen zu müssen, dass er der Meinung ist, das sei nicht nötig, denn schließlich habe sie ja auch nie etwas gesagt. Es geht aber nicht nur darum, zu sagen: »Schatz, trag jetzt bitte den Müll runter«, was schon ein Fortschritt wäre. Vielmehr muss man sich sagen, was man nicht will, um in der Folge auch konsequent sein zu können.

Mit einer Umstellung der eigenen Art, zu kommunizieren, löst man im sozialen Umfeld auch Ängste und daraus resultierende Gegenreaktionen aus. Lebt das Opfer in einem aufmerksamen sozialen Kontext, so kann es sogar zu erheblichem Unmut kommen. In vielen Familien und Freundeskreisen wird eine Frau, die sich wehrt und ihre Position vertritt, vorschnell als Querulantin oder »unbelehrbarer Problemfall« hingestellt. Es erfolgt die Drohung, das Opfer bei anhaltendem Widerstand auszugrenzen. Das treibt zunächst in die Enge. Vor allem, weil die ganze Art der Kommunikation neu ist und ein gewisses Maß an Übung braucht. Viele Frauen haben dazu eine eigene Methode entwickelt. Sie sagen ihre Meinung, allerdings viel wohldosierter, als Männer das tun. Wissen sie doch, dass Glaubwürdigkeit nur allzu leicht von Tätern und Mitläufern zu durchbrechen ist. »Zicke« ist der Totschläger, mit dem Täter ihre Frauen mundtot machen wollen. Davon sollte man sich nicht beeindrucken lassen. Mit der Zeit findet sich ein Weg, sich wohldosiert, aber nachdrücklich Respekt durch Widerstand gegen Manipulation zu verschaffen.

Neben »Zicke« ist der Vorwurf, schon komplett »gaga« zu sein, der naheliegende Angriff jedes Hobby-Manipulisten, um jemanden mundtot zu machen. Unterstrichen wird das mit fortwährenden Sticheleien und kleinen Demütigungen des Opfers. Platzt diesem schließlich der Kragen, wird das vom Angreifer als Beleg für Hysterie gewertet. Das Umfeld stimmt zu, hat es doch nur diese kleine, letzte Boshaftigkeit wahrgenommen und empfindet die Reaktion darauf als überzogen. »Die leidet ja schon unter Verfolgungswahn« ist ein Satz, der als sicheres Indiz für den Angriff eines sadistischen Täters gelten kann. Er ist gefolgt davon, dass sich der Täter über das Opfer fortwährend lustig macht oder sich, wenn auch hinter vorgehaltener Hand, süffisant oder abschätzig, jedenfalls vernehmbar herabwürdigend äußert. Sadisten sind wahre Meister der Provokation, Mobber, die sich darauf verstehen, jemanden in Rage und damit ungewollt aus der

Fassung zu bringen, um dann die emotionale Reaktion wahlweise als »überzogen«, »unkontrolliert« oder »der Situation vollkommen unangemessen« zu ächten und sich damit selbst als vernünftige, besonnen auftretende Person zu präsentieren.

Oftmals ist es das direkte Umfeld des Opfers, das nicht sehen kann oder sehen will. Ausgrenzung und Isolation ist, darauf möchte ich so oft wie möglich in diesem Buch hinweisen, nicht nur der beste Humus für die fortgesetzten Aktionen des Täters, sondern fügt den Opfern schlimme Verletzungen durch das Gefühl der Verlassenheit zu. Viele Betroffene rutschen als direkte Konsequenz dieser Misshandlungen in schwere Depressionen, gefolgt von körperlichen Beschwerden. Hinzusehen und auch einzugreifen ist eine Verpflichtung und kann nicht mit der Behauptung, dass es sich dabei um eine »private Beziehungsangelegenheit« handelt, entschuldigt werden. Es handelt sich ebenso um die Ausübung von Gewalt wie bei körperlichen Misshandlungen. Zumal die Täter nicht nur bei einzelnen Personen ihre sadistische Neigung zum Ausdruck bringen, sondern auch am Arbeitsplatz, bei den Kindern, im Freundeskreis.

»Bleiben Sie nach vorn gebeugt.« Das ist der Rat einer befreundeten Fernsehjournalistin. In ihrer TV-Polit-Runde ist sie oftmals umringt von Alphatierchen, die alle mit Macht in den Vordergrund drängen. Ihr Rat im Umgang damit ist: Wenn man vorn auf dem Stuhl sitzend seine Position vorträgt, nicht zurückweichen! Tut man es, signalisiert das dem Gegenüber, dass man »einknickt«.

Er oder ich?

Herz-Bube oder Pik-Arsch

Man wird ständig manipuliert, von Freunden, Bekannten, Verwandten und im Job sowieso. In diesem Kapitel geht es nun darum, zu überprüfen, ob wiederkehrende Probleme mangelnder Bindungsfähigkeit exogen, also tatsächlich von außen bedingt sind oder sich die Gründe für ein immer gleiches Auswahlmuster in einem selbst befinden. Anders gesagt, wir überprüfen, ob es immer wieder naheliegende Defizite in Kommunikation, Einfühlungsvermögen oder Erwartungshaltung sind oder es sich um ein festes Auswahlmuster handelt, dessen Grundlage in einem selbst ist und dessen Programm schon in der Kindheit angelegt wurde.

Die »Game Theory« ist ein Denkansatz, der Forschern als intellektuell-mathematisches Modell dient, die Untiefen der menschlichen Psyche, aber auch Zusammenhänge in Biologie, Wirtschaft und Philosophie als naturwissenschaftliche oder ökonomische Prozesse zu verstehen. Da werden tatsächlich Begriffe wie »deskriptive Wertorientierung« oder »Koordinationsdominanz« ins Feld geführt, um der Logik des Spiels zwischen Paaren auf die Schliche zu kommen, beziehungsweise dieses mathematisch belegen zu können. Zunächst werden, wie beim Schach, die Spielregeln definiert. Dabei gehen die Spieltheoretiker davon aus, dass es sich um ein Spiel für zwei Personen handelt. Reduziert man die Formeln der Wissenschaftler auf einen Kern, so geht es darum, Entscheidungswege zu begreifen und zu optimieren. Dabei gilt, dass eine Entscheidung vom Handeln beider Spielpartner abhängig ist. Der Paartherapeut John Gottmann aus Seattle hat seine sieben besten Ratschläge als Psychologe in spieltheoretische Regeln umdefiniert, gerade so, als wollte man gegen jemanden beim Backgammon gewinnen. Diese Handlungsanweisungen sollen jene tiefe Freundschaft nähren helfen, ohne die, nach Ansicht Gottmanns, eine Liebesbeziehung nicht funktionieren kann. Darüber hinaus ist er der Meinung, dass die Umsetzung dieser Ratschläge in ein spielerisches Reglement zum Aufbau von Vertrauen in der Beziehung beiträgt. Ich stelle diese sieben Ratschläge und die daraus resultierenden Spielregeln hier vor:

Ratschlag 1: Partnerwissen

Versuchen Sie, so viel wie möglich über Ihren Partner zu wissen. Machen Sie sich vertraut mit seinen Wünschen, Sehnsüchten, seiner Sexualität und vor allem mit seiner Vergangenheit.

Spielregel 1: Spieler-Informationen

Je mehr Fakten Sie über Ihren Mitspieler kennen, desto höher ist Ihre Gewinnchance, weil Sie damit seine Optionen besser bewerten und einschätzen können.

Ratschlag 2: Achtung

Ihr Partner sollte Bewunderung und Zuneigung
spüren. Er muss fühlen, dass er es wert ist, respektiert
und geliebt zu werden.

Spielregel 2: Respekt

Die Spieler teilen sich gegenseitig über ihr Verhalten
mit, dass sie sich als gleichberechtigt einschätzen.
Beide Seiten gestehen ihrem Gegenüber rationales und
sinnvolles Verhalten zu.

Ratschlag 3: Zuwendung

Gute Partner gehen von sich aus mit Angeboten an
Zuwendung, Liebe und Fürsorge auf den anderen
zu, um diesem die notwendige Aufmerksamkeit zu
erweisen.

Spielregel 3: Signale

Der Mitspieler soll erfahren, dass es ein gemeinsames
Spiel ist. Es ist darauf angelegt, gemeinsam Strategien
für kritische Situationen zu entwickeln und gegebenenfalls sogar das Spiel zu wechseln.

Ratschlag 4: Macht abgeben

Nicht immer auf eigenen Positionen beharren,
sondern auch auf den Partner hören und sich davon
positiv lenken lassen.

Spielregel 4: Einlenken

Andauerndes Dominieren eines Spielpartners führt nicht zum Ziel. Zugeständnisse sind rationaler und effektiver.

Ratschlag 5: Toleranz

Vor allem in Konfliktsituationen sollte man Möglichkeiten für einen Kompromiss prüfen und die Tatsache achten, dass Menschen mit unterschiedlicher »Gangart« trotzdem zum gleichen Ziel kommen können.

Spielregel 5: Kalkül

In kritischen Spielphasen die eigenen Interessen und die des Mitspielers bewerten, dabei gegebenenfalls weniger wichtige Optionen herausfiltern und aufgeben.

Ratschlag 6: Abwägen

Bei schweren Konflikten ist es wichtig, die unverhandelbaren Interessen deutlich zu machen. Stellen Sie klar, wo Ihre Grenzen sind. Diese müssen Sie auch einhalten. Insbesondere dann, wenn in Ihre Würde eingegriffen wird.

Spielregel 6: Verhandeln

Die wichtigsten Optionen ihrer Spielführung müssen beiden Mitspielern bekannt sein. Diese dürfen sie auf keinen Fall aufgeben. Sie müssen darum handeln und gegebenenfalls entsprechende Positionen aufbauen.

Ratschlag 7: Sinn stiften
Gemeinsame Symbole, Rituale und Geschichten
vertiefen Ihre Beziehung zum Partner. Das Gefühl,
es handele sich um etwas Bedeutendes, lässt dies
auch geschehen.

Spielregel 7: Spielziel
Es sollte immer wieder klar formuliert werden, warum
man spielt und worum es eigentlich geht. Die Heraus-
stellung des gemeinsamen Ziels schafft erst die Möglichkeit, dass beide Spieler die gleiche Strategie verfolgen.

Nun mag es etwas nüchtern erscheinen, die Liebe und
die schöne Welt der Beziehung auf so rationale Art und
Weise zu beschreiben und gar in »Regeln« zu fassen. Ich
finde diese Umsetzung klassischer Partnerratschläge in
eine Spieltheorie vor allem dann interessant, wenn sie –
und das ist schließlich das Ziel dieses Buches – die Spiel-
strukturen und Strategien eines unaufrichtigen Partners
zu identifizieren und aufzudecken hilft. Wenn ein Mann
»falsch spielt«, wird es seiner Partnerin in diesem Spiel
auffallen, weil das Spiel in diesem Fall abgebrochen werden muss. Dabei kommt der Analyse, dass es sich überhaupt um ein Spiel handelt, und welches die Regeln sind,
eine ganz besondere Bedeutung zu. Der Betrüger, viel
mehr aber noch der Serientäter und erst recht der narzisstische Sadist neigen dazu, mitten im Spiel Verwirrung zu
stiften und das Spiel ganz plötzlich zu ändern. Das geschieht natürlich nur, weil sie befürchten, ihre Spielstra-

tegie sei enttarnt. Um die Hoheit über das Spiel zu wahren, werden die Regeln kurzerhand geändert. Denn wer die Spielregeln vorgibt, ist eindeutig im Vorteil.

In der Liebe und im Beruf sowieso kann man täglich beobachten, dass Menschen versuchen, Spielregeln zu ersinnen und sie dann anderen aufzuzwingen. Das Schlimme daran ist, dass die meisten das unwidersprochen hinnehmen. Das Motiv mangelnden Widerspruchs ist zumeist Angst, als Spielverderber gebrandmarkt oder gar von den anderen Mitspielern ausgeschlossen zu werden. Dabei wird fast immer übersehen, dass der selbsternannte »Spielführer« von niemandem beauftragt wurde, die Spielregeln festzusetzen, oder dass sie gar einvernehmlich beschlossen wurden. Wer die Spielregeln vorgibt, hat Macht und Einfluss, denn schließlich läuft das Spiel nach seinen Regeln ab.

In der Spieltheorie existieren im Wesentlichen drei Modelle, die die Probleme der Entscheidungsfindung im wirklichen Leben abbilden. Das geheimnisvollste Spiel ist das »Gefangenen-Dilemma«. Es wurde in den fünfziger Jahren erstmals formuliert und stellt die größte aller Knobelaufgaben dar, mit der sich schon unendlich viele Wissenschaftler beschäftigt haben. Das Szenario ist vor allem Operngängern gut bekannt. In Puccinis Oper *Tosca* wird Cavaradossi, der Geliebte Toscas, von seinem Nebenbuhler, dem Hauptmann Scarpia, zum Tode verurteilt. Dieser bietet Tosca jedoch einen Handel an: Schläft diese mit ihm, wird er Toscas Geliebten nur zum Schein hinrichten lassen. Tosca willigt ein, ringt dem Hauptmann allerdings das Versprechen ab, die Scheinhinrichtung schon vorher zu befehlen. In der Umarmung tötet Tosca den Hauptmann. Weil der aber die Scheinhinrichtung nur zum Schein befohlen hat, wird Cavaradossi dennoch erschossen.

In der Spieltheorie geht es immer um den »Pay-off«, also den Spielgewinn. Die Frage, wann sich eine Spielstrategie auszahlt, ist davon abhängig, ob die beiden Partner die kooperative oder die kompetitive Spielvariante einschlagen. Da es zwei Spieler sind und zwei mögliche Strategien, sind also vier Lösungswege offen. Im ersten Fall teilen sich beide den Pay-off, im zweiten fällt er zugunsten des einen, im dritten zugunsten des anderen aus, und im vierten scheitern beide. Im Falle Toscas haben sich beide Spieler für die kompetitive Variante entschieden, weil sie einander misstrauten. Hätten beide die kooperative Lösung gewählt, so wäre die Sache gut ausgegangen, allerdings hätten beide deutliche Abstriche von ihren Spielgewinnen machen müssen, da die eine sich hätte hingeben und der andere den Nebenbuhler hätte leben lassen müssen. Damit hätte es auch für beide einen relativen Nutzen, nämlich das Leben des Geliebten und den Sex mit der Umworbenen gegeben.

Ich gebe zu, dieses berühmte Beispiel hinkt etwas bei dem Versuch, es auf eine normale Beziehung anzuwenden. Deren hauptsächliches Charakteristikum kommt an dieser Stelle nicht zum Tragen, nämlich die Wiederholung der Versuche. In Beziehungsdingen bleibt die Aufstellung der Mitspieler zunächst gleich. Nun werden aber zahlreiche Versuche unternommen, mit unterschiedlichen Strategien zu einem möglichst hohen Pay-off zu gelangen. Denn im wahren Leben wird natürlich niemand hingerichtet. Vielmehr scheitern Beziehungen an den kleinen Dingen des Alltags. In Wahrheit geht es darum, ob man Spielfilm oder Fußball im Fernsehen ansieht, welcher Weg der richtige zur Autobahn ist, ob man zu Hause bleibt oder mit Freunden etwas essen geht. Liegt der Partnerschaft eine zutiefst verwurzelte Vertrauensbeziehung zugrunde, werden sich beide Partner möglichst kooperativ zeigen und kommen damit zwar nie für sich selbst betrachtet zum höchsten Spielgewinn, aber stets zu einem für beide relativ positiven Ausgang.

Wenn man nun an meine Beschreibung des narzisstisch-sadistischen Mannes zurückdenkt, kann man ohne weitere Diskussion davon ausgehen, dass es unmöglich sein wird, mit einem Mann wie ihm zu einer kooperativen Partnerschaft zu gelangen. Er wird stets die eigenen Bedürfnisse in den Vordergrund stellen und mit äußerster Geschicklichkeit und pathologischer Konsequenz versuchen, diese durchzusetzen. Es kann nicht gelingen, hier für sich selbst zu einem Spielgewinn zu kommen. Es sei denn, man steigt konsequent aus diesem Spiel aus. Auch beim Serientäter wird es unmöglich sein, ihn zu »ändern«. Leider träumen nur allzu viele Frauen davon, die verdrehte Welt eines Mannes »verändern« zu können. »Ich bin diejenige, die ihn umkehren kann«, oder: »Den mache ich mir passend, weil sonst doch alles stimmt«, sind wahrscheinlich die größten Irrwege von Frauen in Partnerschaften. Darum »zu kämpfen« ist aus den oben beschriebenen Gründen eine hoffnungslose Aufgabe. In diesem Fall ist nur zu raten, den Partner sofort in die Wüste zu schicken und darauf zu hoffen, dass er dort auch bleibt, was beim Sadisten keinesfalls als sicher gelten kann. Im besten Falle kann man versuchen, mit einem »Betrüger« Gemeinsamkeiten zu entwickeln. Ihm wird es noch am ehesten gelingen, möglicherweise unterstützt durch eine Paartherapie, sein kompetitives Verhalten in ein zumindest teilweise kooperatives Verhalten zu verwandeln.

Die Grundbedingung für eine relativ funktionierende Partnerschaft ist Vertrauen in die Spielstrategie des anderen. Hier ging es jedoch weitgehend darum, dass Frauen eines bestimmten Typs fortwährend auf »Falschspieler« hereinfallen, deren Intention es ist, sich als kooperative Mitspieler auszugeben, in Wirklichkeit jedoch ein ganz anderes Spiel mit ganz anderen Regeln spielen. Dabei ermächtigt sich der Falschspieler einer Technik, die in den betroffenen Frauen begründet liegt. Letztlich ist es das Dilemma dieser Frauen, zumeist kooperativ zu handeln und es dabei mit einem kompetitive Ziele verfolgenden Mitspieler zu tun zu haben. Das führt dazu, dass die Spiele des Alltags ausschließlich in der zweiten Variante als Pay-off zu seinen Gunsten ausgehen. Diese Bereitschaft der Partnerin zum Kompromiss ist tief verwurzelt und rührt nicht nur aus dem Selbstverständnis der Frau, sondern wird auch genährt von der allerbesten Absicht, bessere Verhältnisse zu schaffen, als sie es bei den Eltern waren. Damit schnappt die Falle zu. Es ist fast unmöglich, sich aus dieser zu befreien, ohne die eigenen Interessen zu kennen und, noch viel wichtiger, sie gegenüber dem Partner in aller Deutlichkeit zu formulieren. Im Falle des Sadisten ist die Sache aussichtslos. Er ist gegen diese Angriffe immun oder hat seine Beute bereits so gelähmt, dass eine Gegenwehr fast unmöglich ist. Aber auch bei den beiden anderen Typen wird man keine Freude haben. Es ist beinahe ihre Natur, so zu handeln.

Das deutliche Formulieren der eigenen Ziele, das Beziehen einer klaren Position, ist im Sinne des gemeinsamen Zieles, einer intakten Beziehung, von zentraler Bedeutung. Viele Partnerschaften sind damit nichts weiter als die Fortsetzung des Spiels des »unerzogenen Kindes« in einer Familie. Der Horror weiblicher Partnerschaftsprobleme beginnt meist schon in der Kindheit des Mannes. Niemand hat ihnen wirklich klar und deutlich ein Nein entgegengesetzt. Also setzt der Bub seine Missetaten aus der Kindheit ungehemmt weiter fort. Ähnlich wie in der Kindererziehung ist man in der Partnerschaft mit einem solchen Mann gefordert, klare Grenzen aufzuzeigen und vor allem im Frühstadium ablaufende Machtspiele liebevoll, aber dennoch durch deutlich formulierte Zurückweisungen für sich zu entscheiden. Es zeigt sich, dass jene Frauen eine besonders glückliche Beziehung führen, die auch in der Erziehung ihrer eigenen Kinder liebevoll, aber durchsetzungsfähig sind. Der Grund liegt darin, dass diese Mütter verstanden haben, sehr frühzeitig eine Kräftegleichheit in der Beziehung durchzusetzen. Wer stark ist, hat auch den Mut, das selbstbewusst zu zeigen, und zieht gleich starke Menschen an. Mir begegnen oft Frauen, die ganz unglaubliche Strategien entwickelt haben, ihre Intelligenz, Schönheit, was auch immer an ihnen stark und bemerkenswert ist, »optisch abzutönen«. Sei es durch eine Kinderstimme, die alles verniedlicht, gestellte Dummheit oder gar den Verzicht, sich besonders attraktiv und auffallend zu kleiden. Damit beginnen diese Frauen jedoch selbst eine Strategie der Unaufrichtigkeit und Lüge. Verfolgt man die eben aufgestellte These, dass eine Partnerschaft nur einen erfolgreichen Weg einschlagen kann, wenn diese auf Vertrauen und Ehrlichkeit, also den Grundfesten einer kooperativen Strategie, basieren, so würde in diesem Beispiel die Frau selbst den Grundstein für eine Fehlstellung legen.

»Man selbst sein« ist also nicht nur gut für das Selbstbefinden, sondern hat auch unmittelbare Auswirkungen auf die Beziehung, die man gerade im Begriff ist, einzugehen. Kooperativ zu sein bedeutet dabei keineswegs, dass es allzu viel Harmonie braucht, wenn man zusammenkommt. Im Gegenteil. Es ist ein bekanntes Phänomen, dass Paare, die rasch eine große Einigkeit herstellen, sich auch besonders schnell wieder trennen. Der Grund liegt darin, dass beide Partner versuchen, ihr Bestes nach außen zu kehren, sich unglaublich nett vorkommen und dabei missachten, dass ihr »wahnsinnig tolles Verständnis füreinander« einem bekannten Paradox der menschlichen Seele entspringt: Der wahre Altruist denkt an sich selbst, und der wahre Egoist kooperiert. Praktisch gesprochen ist also der Versuch, dass beide den höchstmöglichen Pay-off erzielen, genauso »ungesund« für die Beziehung wie der Versuch, diesen dem Partner stets zukommen zu lassen. Versuchen beide, sich als besonders einfühlsam zu beweisen, so kommt es bisweilen zu absurden Konstellationen. Schon Loriot wusste von jenem Ehepaar zu berichten, bei dem er stets das Oberteil des Brötchens mochte und seine Gattin das Unterteil beim gemeinsamen Frühstück schätzte. Da beide eine falsch verstandene Kooperationsstrategie verfolgten, aß stets er das Unterteil und die Gattin pflichtbewusst den anderen Teil.

Hat man diese Spielerrollen und deren Möglichkeiten zum Zug verstanden, so geht es darum, diese Erkenntnis anzuwenden. Letztlich gibt es aus dem Spiel zwei mögliche Ausgänge für die Beziehung mit einem Partner. Der eine lautet »Weiterführen«, der andere »Ausstieg«. Bei Ersterem kann die Theorie insofern nützen, als sie verstehen hilft, dass gleiche Entscheidungsmuster, also das Beharren auf eigenen Positionen – die Spieltheoretiker nennen es die »reine Strategie« –, stets in eine Pattsituation führten oder sich auch verbrauchten, weil die festgefahrene Verteilung keine Basis für eine langfristige Beziehung darstellt. Damit ist gemeint, dass in einer Beziehung die Frage, welches Auto man kauft, welche Fernsehsendung man sieht, welches Konzert man besucht, immer nach dem gleichen eingeübten Entscheidungsmuster abläuft, also jeder Spieler immerfort den gleichen Spielzug vornimmt. Einziger Ausweg aus diesem Dilemma ist die Abkehr von einer »reinen Strategie« hin zu einer »gemischten«. Das bedeutet, dass jeder Spieler sein Spielziel verfolgt, aber in Kauf nimmt, dass dies nicht in einem Zug zu erreichen sein wird. Beide Spieler setzen also sowohl auf Konfrontation als auch auf Kooperation, um das Spielziel gemeinsam zu erreichen. Allerdings gibt es Spiele, die man aus den schon beschriebenen Gründen nicht gewinnen kann. Die einzige Lösung ist dann der Ausstieg. Der gestaltet sich jedoch oftmals für Partner schwierig. Vor allem, wenn das Spiel schon lange vor seiner Beendigung nur nach den Motiven der eigenen Pay-off-Maximierung gespielt wurde und damit von andauernden Phasen der Konfrontation geprägt ist. Das Problem beim Ausstieg: Keiner will das Spiel verlieren. Es ist, als hätte bei einer Auktion nicht nur der Gewinner, sondern auch der letzte Bieter sein Gebot zu bezahlen.

Ein amerikanischer Forscher hat dazu Anfang der siebziger Jahre das »Dollar-Auktionsspiel« entwickelt. Dabei wird eine einzige Dollar-Note erstaunlicherweise immer wieder für viele tausend Dollar versteigert. Das Mindestgebot ist ein Cent. Stets wird der Bieter von 99 Cent den Bieter des Dollars übertrumpfen, um nicht als Verlierer dazustehen, und so weiter. Im angelsächsischen Wirtschaftsraum ist dieses Phänomen auch als »greater fool theory« bekannt und wurde im deutschsprachigen Raum mit dem Aktienboom der Jahre 1998 bis 2000 sichtbar. Dieses Spiel verdeutlicht unter anderem auch, welche Prozesse bei Scheidungen zwischen den Partnern ablaufen. Einzige Lösung aus dieser Pattsituation ist der sofortige Ausstieg, wenn man dieses Spiel als solches erkannt hat. Es ist nicht zu gewinnen, einzig der Schaden kann begrenzt werden.

Diese mathematisch-theoretische Betrachtung menschlicher Zusammenhänge wirkt möglicherweise schlicht abschreckend, weil sie einen sehr wichtigen Aspekt bei alltäglichen Entscheidungen außer Acht lässt: das Gefühl. Gleichwohl sind die Regeln der Spieltheorie nützlich dabei, die Lebensprozesse in einem Modell abzubilden und somit logische Konsequenzen aus unserem Handeln transparent zu machen. Man kann sich diese Methode leicht zunutze machen, indem man die Konstellation, in der man sich gegenwärtig befindet, auf dieses System überträgt. Dabei kommt man vielleicht nicht unmittelbar zu einem Lösungsansatz, lernt jedoch, das Ganze als das zu verstehen, was es aus Sicht des Fallenstellers ist: ein falsches Spiel, das nicht zu gewinnen ist.

Der Sound der Kindheit

Bei der Arbeit zu diesem Buch habe ich mich gefragt, ob ich überhaupt in der Lage bin, zu erfassen, welch großer Einsamkeit und Verlassenheit manche Menschen in ihrer Kindheit ausgesetzt waren. Ob ich in der Lage sein würde, *mit*zufühlen, wie traumatisch diese Kindheitserlebnisse waren, die bis heute nachwirken und schmerzhaften Einfluss auf das tägliche Leben haben. Das Gefühl tiefster Verlassenheit ist jedoch nur einer der Abgründe, mit denen ich bei meinen Recherchen konfrontiert wurde. Dass es verlassene Kinder, vergessene Töchter sind, deren geschundene Kinderseelen bis in die Gegenwart bestimmend für ihr Leben sind, ist letztlich sogar leicht nachvollziehbar. Unerwartet hingegen war die Beobachtung der unvorstellbaren Leere von Hochbegabten und Talentierten, ihrer Einsamkeit, der Depression und der tiefempfundenen Sinnlosigkeit des eigenen Lebens. Was all diese Grandiosen verbindet, ist ihre auffällige Begabung – viele konnten mit fünf Jahren schon lesen, wurden von begeisterten und gutmeinenden Eltern gefördert und umsorgt. Dennoch landeten sie in einer emotionalen Leere. Sie versagen permanent vor dem Idealbild ihrer selbst.

Beide Formen kann man als Ausweis einer narzisstischen Störung sehen, wobei das Wort Narzissmus ganz zu Unrecht, wie ich finde, einen schlechten Ruf hat, denn Narzissmus hilft, zu überleben, die eigenen Interessen zu wahren und sich auch gegenüber anderen abzugrenzen. Von einer narzisstischen Störung kann man dann sprechen, wenn man nicht dazu fähig ist, durch Reflexion oder eine differenzierte Betrachtung des Selbst eine distanzierte Rolle zu sich einzunehmen, also unfähig zu dem ist, was Sigmund Freud 1914 »Introspektion« nannte, die Fähigkeit zur Selbstanalyse.

Beginnen wir mit den Verlassenen, den Vergessenen, den Verletzten. Fast alle Menschen sind mehr oder weniger narzisstisch bedürftig und damit auf der fortwährenden Suche nach einem verfügbaren (Liebes-)Objekt. Dieses Bedürfnis verzerrt sich, wenn das Selbst oder Teile daraus empfindungslos sind, man könnte auch sagen: abgetötet wurden. Diese lebenslange Schädigung ist passiv, sie kommt von außen, sie findet in der Kindheit statt und wird nie selbst vollzogen. Die Suche nach diesen Schädigungen des Selbst ist überaus schwierig, weil sie einem nicht offensichtlich sind. Wir neigen dazu, diese dunklen Stellen durch einfache Verleugnung und Umkehrung in ihr Gegenteil zu verwandeln. Zum Vorschein kommt, was Habermas schon 1970 das »maskierte Selbstverständnis« nannte. Es zwingt uns dazu, ein Leben lang Wunden zu erinnern, durchzuarbeiten, auf fatale Weise zu wiederholen, was uns einst verletzt hat. Diese Wiederholung ist ein Zwang, der sich durch wechselnde Inszenierungen so gut tarnt, dass er uns in seiner Struktur als Wiederholungszwang oft gar nicht kenntlich wird. Wenn zum Beispiel Männer im Leben einer Frau immer wieder nach wenigen Wochen verschwinden, dann kann es sich dabei durchaus um eine unglückliche, zufällige Ansammlung von beziehungsunfähigen Männern handeln. Es kann aber auch sein, dass die betroffene Frau die Männer durch unbewusste Handlungen immer wieder wegschickt. Ihr Wiederholungszwang besteht darin, den eigenen Schmerz des – beispielsweise vom Vater verlassenen Kindes – immer und immer zu wiederholen. Nur in der Wiederholung findet sich vermeintlich Linderung. Die betroffenen Frauen inszenieren sich dabei sehr geschickt vor anderen, aber insbesondere vor sich selbst als Opfer. Dabei sind es linkische, keineswegs bewusste Handlungen, die die Männer vor den Kopf stoßen. Dazu zählen Erzählungen über Exfreunde, ein ausuferndes Sexualleben, eklige Geschichten, abschreckende Beichten oder fürchterliche Witze, von denen man nicht weiß, warum man sie nun gerade erzählen musste. Viele Frauen finden sich danach dann einfach doof, sie schämen sich, können aber nicht erklären, woher dieser »Ausbruch« rührt.

Verunsichert durch Misserfolge, selbstempfundene Ablehnung und Rückschläge in Liebesdingen, entsteht Angst. Warum aber macht einem die Person, die man begehrt oder liebt, so viel Angst? Es ist nicht die Person, sondern die Liebe selbst, die ängstigt. Fast keine Frau, mit der ich

gesprochen habe, war dazu in der Lage, Gefühle uneingeschränkt wahrzunehmen und zu empfinden. Eine Ge-
sprächspartnerin teilte mir mit, dass sie Gefühle wie
Trauer, Mitleid oder Zuneigung gar nicht entwickeln
kann und sich in entsprechenden Situationen, etwa bei einer Beerdigung, dann an den Verhaltensmustern anderer
Trauergäste oder an Stereotypen des Beileids aus Filmen
orientieren würde, um gesellschaftlich konform zu bleiben.

»Wir können nur empathisch sein, wo wir als Kinder
frei waren«, stellt die Psychologin Alice Miller in ihrem
Schlüsselwerk *Das Drama des begabten Kindes* 1979 fest.
Verletzung, Vereinsamung, Verlassenheit ist keine Freiheit. Sie führt zur Abspaltung und – unter dem Druck gesellschaftlicher Anpassung der Heranwachsenden – zur
späteren Maskierung des Selbst. Diese Abspaltung ist
eine Verkümmerung, ein kleines Kästchen, in dem der
Schmerz verwahrt wird. Jeder Mensch hat solche Kästchen, aber die Betroffenen haben viele davon. Sie sind
nicht selten ein Archiv des Selbstverlusts. Verlassenheit,
Nichtbeantwortung und Verletzung können dabei ebenso
ursächlich sein wie die Leere der eigenen Grandiosität –
die schon als Kind beschworen wurde – oder Demütigungen und frühe sadistische Erfahrungen, die unter dem
Mantel des Wohlwollens angewendet wurden, wie schon
der Schriftsteller Hermann Hesse sie in seiner Erzählung
Kinderseele aus seiner Kindheit erinnert.

Wir alle versuchen fortwährend, dieses Archiv des Selbst-
verlustes zu räumen, indem wir wieder und wieder Situationen inszenieren, die eine Wiederkehr traumatischer
Erlebnisse in den unterschiedlichen Szenen provozieren.
»Erinnern, Wiederholen und Durcharbeiten«, wie Freud
1914 in seinem berühmten Aufsatz schrieb. Dazu sucht
sich die Seele mit unglaublicher Treffsicherheit Übertra-
gungsfiguren, an denen wir uns abarbeiten. Menschen,
denen nicht nur ohne ihr Wissen eine Rolle zugewiesen
wird, sondern die aufgrund ihrer eigenen Prädisposition
auch noch geeignet sind, dieses Spiel mitzuspielen und
die unterbewusst zugedachte Rolle vor dem Hintergrund
der eigenen Geschichte zu erfüllen.

Jeder nimmt Verhaltensmuster der Eltern auf. Dabei sind
es eben gerade jene abgespaltenen, also nicht integrierten
Teile des elterlichen Verhaltens, die uns wie mit einer
emotionalen Spritze introjiziert werden. Eine Mutter, die
sich verlassen fühlt, wird diese Empfindung und das daraus resultierende Verhalten unmittelbar auf ihr Kind
übertragen, auch wenn sie das genaue Gegenteil beabsich-
tigt. In der Übertragung auf das Kind wird das Verhalten
der Mutter dann jedoch in sein Gegenteil verkehrt. Wenn
ein Mann zum Beispiel von seiner Mutter nicht beantwortet wurde und hier sein Trauma erlebt hat, wird er
sich Frauen suchen, an denen er wieder und wieder stellvertretend Rache nehmen kann, wobei der Umstand, dass
er selbst von seiner Mutter vernachlässigt wurde, gut ver-
schlüsselt bleibt. Es ist also ein gutgetarnter Wiederho-

lungszwang, in dem sich das gebrochene Selbst artikuliert. Dennoch gibt es einige Hinweise auf den Hintergrund, sogar einen Schlüssel, die Symptome zu übersetzen. Verachtung ist hierbei wohl die gebräuchlichste Form und der effektivste Schutz gegen den Durchbruch eigener Gefühle der Ohnmacht. Verachtung ist der unmittelbare Ausdruck abgespaltener Schwäche. Aber es gibt noch andere Abwehrmechanismen der eigenen Gefühle.

- Verleugnung (des eigenen Leidens)
- Verschiebung (nicht mein Vater, sondern mein Freund tut mir weh)
- Idealisierung (Vaters Härte hat mich stärker gemacht)
- Rationalisierung (ich schulde meinem Kind Erziehung)

Die Mechanismen des Verschleierns, Verleugnens und Verbergens dienen nur einem einzigen Zweck: der Umkehr des eigenen passiven Leidens in aktives Verhalten. Der frühe Grund ist in den meisten Fällen die Abwesenheit eines Objekts, insbesondere eines Liebesobjekts.

Die Partnerwahl hängt folglich mit dem Charakter des primären Objekts zusammen. Für Christin, die Freundin von Klaus, war das der Vater. Die Beziehung zu Klaus war dadurch für sie mit höchst ambivalenten Gefühlen verbunden. Frauen drücken ihr Empfinden in einer solchen Partnerschaft gern damit aus, dass sie sagen: »Ich kann weder mit noch ohne ihn.« Unzählige Trennungen, gefolgt von Versöhnung und einem dazu nicht im Widerspruch stehenden hohen Maß an Verbundenheit mit dem Partner, belegen ein inszeniertes »Verlassenwerden«, belegen den Wiederholungszwang. Es sind dies Trennungen, die geprägt sind durch die unerträgliche und quälende Angst vor dem Verlust des Partners, also dem Verlust des Vatersubstituts. Da ist es wieder, das früh verankerte Gefühl des Verlassenseins, der unendlichen Einsamkeit. Es drückt sich aus in plötzlichem Hass, narzisstischer und für den Partner unverständlicher Wut und dem fortwährenden Vorwurf der Gleichgültigkeit und Ignoranz.

Christins Leiden war eine Introjektion der väterlichen Verachtung und Gleichgültigkeit. Diese verborgene Tragik mündete bei Christin in ein Gefühl, das sie selbst als »Vernichtung« beschreibt. Zugleich brachte sie in bester Umkehr des eigenen Introjekts, Klaus, ihrem Liebesobjekt, eine gutmaskierte Verachtung entgegen, die jedoch als das genaue Gegenteil getarnt war: Unterwürfigkeit und Submissivität. Tatsächlich wurden in ihrer Kindheit Bereiche der Emotionalität durch den Vater zerstört. Christin suchte sich jedoch nie einen Mann, der das durchschaute, sondern stets und mit schlafwandlerischer Sicherheit einen Mann, der genau wie der Vater nicht die Möglichkeit hatte, auf sie einzugehen, sie zu verstehen, sich auf sie einzulassen (wenn auch aus anderen Gründen). Klaus hingegen suchte sich mit gleicher Sicherheit Frauen, die ihn vordergründig begehrten, aber in der Tiefe ihres Herzens abwehrten. Sein eigener Wiederholungszwang, die Not, nicht gehört zu werden, ließ ihn immer und immer wieder versuchen, sich verständlich zu machen, das Unmögliche doch noch möglich zu machen. So war die Begegnung von Christin und Klaus fatal, weil sie sich zwar gegenseitig in ihrer »complicité«, also im positiven Sinne in ihrer Komplizenhaftigkeit erkannten, aber eben jeweils in Eigenschaften, die sie gegenseitig nicht förderten und in der Entwicklung weiterbrachten, sondern sie in einer Spirale gegenseitiger zerstörerischer Wiederholungszwänge gefangen hielt. Die Literatur beschreibt, dass es gerade die Grandiosen sind, die die narzisstisch Gestörten mit vorherrschend depressiver Struktur anlocken, wie es bei Christin der Fall war.

Klaus war ein Vertreter der Grandiosen. Er und Christin beneideten, beachteten und verachteten sich zugleich. Die Grandiosen sind der ganze Stolz ihrer Eltern, nach herrschender Meinung haben sie ein starkes, unerschütterliches Selbstbewusstsein. Sie ernten Erfolg, aber es nützt ihnen nichts. Hinter der Fassade verbergen sich Depression, Leere und Verzweiflung. Diese Menschen haben wohlmeinende, verständnisvolle Eltern, doch auch sie blieben letztlich unerreichbar. Nicht weil sie böse waren, sondern selbst narzisstisch bedürftig, auf ein bestimmtes Echo angewiesen, gewissermaßen selbst auf der Suche nach einem verfügbaren Objekt. Und ein Kind ist eben emotional verfügbar, auch wenn es noch gar nicht sprechen kann. Merkmal der grandiosen Lebenspartner ist übrigens, dass sie dazu neigen, die Beziehung mit einer eigenen Sprache zu »bevölkern«, um dem unbekannten, dem noch nicht verstandenen Selbst auszuweichen. Mithin eine Intellektualisierung, aber in letzter Konsequenz auch nur eine Verschiebung oder Übertragung des eigenen Leids auf das partnerschaftliche Objekt, also die Introjektion von Liebesentzug.

Am Ende der intensiven Beziehung und nachdem der Schmerz nach Monaten ein wenig abgeklungen war, schrieb Klaus an Christin eine E-Mail:

»Ich wünsche Dir Freiheit. Nicht von mir, sondern von dem Objekt, das ich für Dich repräsentierte.«

Aus der Geschichte zwischen Christin und Klaus kann man lernen, dass sich in einer Beziehung beide Partner vor dem Hintergrund ihrer jeweiligen Kindheit, der Introjekte und individuellen Erlebnisse, mit unterschiedlichen Partnern auch gänzlich unterschiedlich verhalten werden. Ein Mann kann für die eine Partnerin ein »Scheißkerl« sein, bei einer anderen können dann durchaus andere Wesenszüge in den Vordergrund treten. Jeder ist in einer Beziehung das Objekt des anderen und erfüllt eine Rolle, die ihm der Partner zumeist ohne sein Wissen zuschreibt. Das Wesen der Beziehung wird geboren aus der gegenseitigen Beantwortung, ihr Merkmal ist die Erkenntnis: Wir lieben uns innig und können es dennoch nicht miteinander aushalten. Ausdruck ist ein ewiges »An« und »Aus«,

Anziehung und Abstoßung zugleich. Diese Struktur weist viel tiefer als die im ersten Teil dieses Kapitels behandelten oberflächlichen Kommunikationsprobleme. Die Lösung des Geheimnisses kann gerade nicht darin liegen, die Fehler beim anderen zu suchen und die Verantwortung für fortwährendes Scheitern im Partner zu sehen. Die einzige Möglichkeit, diesen Knoten emotionaler Verwirrung aufzulösen, besteht darin, dass jeder Partner jene elterlichen Introjekte identifiziert und auflöst, die ihn bestimmen. Das kann nur über eine Integration, also ein Erkennen, Anerkennen und Annehmen, dieser abgespalteten, verschleierten und verschütteten Elemente des Selbst geschehen. Anders ausgedrückt: Man holt die alten Kartons aus dem Archiv und stellt den Inhalt im Wohnzimmerschrank auf. Das muss uns dann ja nicht gefallen, gehört aber dazu, zur Erkenntnis und zur Anerkennung des eigenen Lebens, des eigenen Selbst.

So entkommen Sie Ihrer Liebesfalle
18 Ratschläge und ein halber

1. Es ist schlimmer, als Sie vermuten.

Machen Sie es wie die Börsenbroker: Setzen Sie sich eine Stopp/Loss-Marke. Es gibt Investments im Leben, die sind nicht zu gewinnen. Wenn Sie merken, dass Sie auf die Verliererseite geraten, dann ziehen Sie die Reißleine und schießen den Typen ab. Machen Sie der Sache ein Ende. Sie werden ein Gefühl der Befreiung erleben und sich zum ersten Mal wirklich erwachsen, als Herr Ihrer eigenen Handlungen, sich nicht mehr fremdbestimmt fühlen. Sell on bad news!

2. Die Geliebte verliert immer

Wie Oma so schön sagte: »Verschenken Sie Ihre Jugend nicht an jemanden, der es nicht wert ist.« Wenn er sich nicht eindeutig zu Ihnen bekennt, ist er Ihrer nicht wert. Es gibt keine hinderlichen Gründe. Es ist Ihre Zukunft. Sie sind jetzt jung. Dieses Kapital für Ihre familiäre Zukunft, diesen Marktwert (so hart das klingt), müssen Sie nutzen. Und überhaupt, was wollen Sie mit einem Kerl, der nicht zu Ihnen steht? Abschuss, und zwar sofort.

3. Vergessen Sie den Traumprinzen

Versuchen Sie nicht, dem schönen Schein hinterherzurennen, also einer Kleine-Mädchen-Idee von Familie und der idealtypischen Beziehung. Männer, die Ihnen dieses Konzept als Zukunftsbild skizzieren, können Sie gleich in der Pfeife rauchen. Werden Sie erwachsen, suchen Sie sich einen Kerl, der Sie liebt. Es gibt keine Perfektion, jedenfalls nicht über den Zeitraum von sechs Wochen hinaus.

Wenn Sie ein Vielleichtchen sind, hören Sie auf, für Männer Entschuldigungen zu formulieren. Sie werden sehen: Wenn Sie aufhören, Entschuldigungen zu formulieren, werden diese Männer gänzlich aus Ihrem Leben verschwinden, und die Sache hat sich von selbst erledigt.

4. Spielen Sie nicht, weder sein noch Ihr eigenes Spiel

Die besten (langfristigsten) Ehen sind offensichtlich jene, bei denen sich der Mann im Vorfeld so richtig intensiv um die Angebetete bemüht hat. Vergessen Sie die Idee, das künstlich zu intensivieren, das haben Sie schauspielerisch nicht drauf, und Männer können sehr wohl empfinden, dass da jemand versucht, »zu spielen«. Die einzige Reaktion, die Sie damit hervorrufen, ist, dass er sich aufgefordert fühlt, auch mit Ihnen zu spielen, und das ist ja nun genau, was Sie vermeiden wollten. Warten Sie einfach ab, und lassen Sie ihn machen. Wenn er sich keine besondere Mühe gibt, dann vergessen Sie es. Er »steht« einfach nicht so richtig auf Sie. Next please!

5. Allem Anfang wohnt eine Info inne

Vermeiden Sie es, in eine Beziehung so »hineinzuschlittern«. Allem Anfang wohnt wohl ein Zauber inne, aber für alle Nichtliteraten auch Informationen über den weiteren Fortgang der Beziehung. Die ersten Tage sind wie ein hochkonzentrierter Extrakt der nächsten Jahre. Was jetzt nicht klappt, wird niemals blühen. Fühlt sich die Sache nicht hundertprozentig an, dann trösten Sie sich lieber mit einem Herzschmerz-Vers vom alten Hesse und schließen das Kapitel mit dem Kerl.

6. Es ist genau so, wie es sich anhört

Erzählen Sie die Geschichte so realistisch und so neutral wie möglich einer guten Freundin. Berichten Sie Fakten, und verzichten Sie auf Relativierungen (»Na ja, das klingt jetzt so, aber eigentlich ist es ja ganz anders ...«) und vor allem Entschuldigungen, die Sie für »ihn« stellvertretend vortragen. Wenn Sie sich hierin nach einer Weile wie eine dritte Person von außen betrachten und dabei denken: »Oh Gott, das klingt ja alles fürchterlich«, dann ist die Sache genau so, wie sie klingt. Der natürliche Reflex, zu sagen, es wäre eigentlich alles ganz anders, ist hierbei der »Fehler« in Ihrem Kopf und das Problem in Ihrem Bett. Time to say good-bye.

7. Das Vielleichtchen ist nicht Ihre Lieblingsblume

Männer finden es ungeheuer befriedigend, das zu bekommen, was sie wollen. Aber was wollen sie eigentlich? Eine Beziehung oder nur Sex mit Ihnen?

Vergessen Sie alle Erklärungen und Entschuldigungen, sowohl seine, aber auch Ihre eigenen, in seinem Namen. Schafft er es nicht, Sie anzurufen, bei Ihnen zu sein, sich für Sie zu entscheiden, ist er nicht wert. Vergessen Sie es!

Ein Kerl, der in kleinen Dingen nicht aufmerksam ist, wird es auch nicht in »großen« sein. Misstrauen Sie Männern, die ihren (auch kleinen) Ankündigungen keine Taten folgen lassen. Wenn die Wochenendreise schon seit zwei Jahren geplant ist, sollten Sie endlich Ihre Koffer packen. Farewell, buddy!

8. Hören Sie gefälligst besser zu!

Männer (wie alle Menschen) verraten Ihnen, was immer Sie wissen wollen. Sie müssen nur genau zuhören. Manchmal kommt die Wahrheit als Scherz verpackt, manches Mal in ihr Gegenteil verkehrt. Wenn er sagt: »Ich fühle mich im Moment nicht bereit für eine Beziehung«, dann meint er es auch so. Es bedeutet: »Ich fühle mich im Moment nicht bereit für eine Beziehung mit dir.« Der in diesem Buch schon erwähnte Schwerenöter Peter Kairos pflegte seiner Frau nach der Rückkehr von Dienstreisen auf die Frage, wie es war, mit scherzhaftem Unterton zu sagen: »Du weißt doch, Schatz, ich habe es mal wieder mit unzähligen Frauen an allen unmöglichen Orten getrieben.« Tatsächlich war das wahr, doch Peter Kairos konnte zu Recht darauf bauen, dass seine Frau sich dachte: »Hunde, die bellen, beißen nicht«, oder: »Wenn er es getan hätte, würde er ja wohl keine Scherze darüber machen.«

Bei der Scheidung war Peter sich nicht zu schade, anzumerken, er habe ihr schließlich nie etwas vorgemacht hinsichtlich seiner Amouren.

9. Genügsamkeit ist keine Tugend
»Besser als nichts« ist ein Satz, den Sie aus Ihrem Wortschatz streichen sollten.

Auch wenn Ihr Kerl kein Fußballer ist, in Beziehungsdingen gilt: Gleiche Augenhöhe ist kein Abseits! Andernfalls zeigen Sie ihm die Rote Karte.

10. Geben Sie beim Casting den Bohlen
So hart das ist, aber gehen Sie davon aus, dass Sie im Lauf Ihres Lebens Ihren ganz persönlichen Anteil an Spinnern, Muttersöhnchen, Losern, Serientätern, Perversen und Rudelsexbefürwortern abbekommen. Lernen Sie, schneller die Muster und Strukturen zu erkennen und für sich auszuwerten. Wenn Sie schon kein »wirklich gutes« Gefühl haben, kann es nichts werden. Allem Bedürfnis nach Zweisamkeit und Familie zum Trotz: der nicht!

11. Kompliziertheit ist immer verlogen
Ja, es gibt Männer, die einfach aus Ihrem Leben verschwinden. Sie tun es einfach. Geben Sie Ihnen keine zweite Chance, Ihre Gefühle zu verletzen. Auch nicht in einem »klärenden« Telefonat, das ihnen nicht helfen kann. Zwecklos.

Denken Sie daran, dass nur wenige Beziehungen wirklich eine tiefe Verbindung ergeben. Die meisten Männer, die Sie kennenlernen, werden Ihnen ein gutes Gefühl geben, Sie werden sich geborgen und aufgehoben fühlen, irgendwie riecht es förmlich nach »dem Richtigen«. Wahrscheinlicher ist jedoch, dass Sie ihn in Ihrem Kopf gerade zum »Richtigen« werden lassen und er gar nicht so besonders auf Sie steht. Damit beginnt eine lauwarme Beziehung, die von Anfang an nicht die Intensität hat, die Sie sich erhofft haben, gefolgt von einem monatelangen Hin und Her, mit Beziehungstalk, Verlassen, Zusammenkommen, Tränen, nicht ausgesprochenen Wünschen und Problemen. Es wird also kompliziert. Ich verweise auf Punkt 1 und rate: Suchen Sie sich jemanden, für den Sie die Nummer eins sind und nicht weniger.

12. Geben Sie nicht auf

Wenn Sie gut aussehen und erfolgreich sind, müssen Sie sich darüber im Klaren sein, dass Sie viele Männer haben, aber nur wenige bekommen können. Die Luft wird »oben« dünn, weshalb rein statistisch gesehen Ihre Chancen sinken. Die durchschnittliche Frau macht zehn Kontaktversuche, sagt Professor Grammer, dann ist Schluss. Je attraktiver, desto weniger Anläufe nehmen die Hübschen. Dabei sollte diese Gruppe aufgrund der statistischen Gegebenheiten eigentlich die Bemühungen verstärken. Es ist paradox, aber wahr: Je attraktiver Sie sind, desto schwerer wird es, nicht zuletzt, weil Sie selbst der Meinung sind, dies nicht nötig zu haben. Also, lassen Sie sich nicht entmutigen und suchen Sie weiter.

13. Männer sind wie junge Hunde

Es gibt keine Entschuldigung und keine Erklärung für Betrug, Sex mit der Ex und ähnlichen Klamauk. Sind Sie ihm wichtig, wird er es nicht wagen, Sie zu betrügen, vor lauter Angst, es könne herauskommen. Tut er es dennoch, hat er in Ihrem Bett nichts mehr verloren. Nächtliches Weinen vor der Haustür sollte Sie nicht vom Pfad des Selbstschutzes abbringen lassen. Ansonsten muss ich Ihnen leider sagen, dass ich bisher fast ausnahmslos Frauen kennengelernt habe, die von der Treue ihres Partners zu fast hundert Prozent überzeugt waren. Ich persönlich kenne jedoch keinen treuen Mann. Dabei sind jene, die nur mangels Gelegenheit treu sind, in dieser subjektiven Statistik nicht anrechenbar. Männer sind wie junge Hunde. Es gibt liebe, zahme, treue, bissige, wilde, blinde, schlaue und doofe. Die Idee, Ihr Mann könnte angesichts einer reizvollen Gelegenheit dennoch treu sein, ist so naheliegend wie die Annahme, einer der vorgenannten Hunde-Charaktere würde die Nacht allein in einer Metzgerei verbringen, ohne sich die Wurst zu schnappen. Das erfahrene Frauchen weiß: Fiffi gehört an die Leine.

14. Eingeschlagene Fensterscheibe

Was immer er macht, was auch immer Ihnen nicht »so recht behagt«, schieben Sie der Sache möglichst sofort einen Riegel vor. Männer sind wie Kinder ohne Erziehung. Wenn Sie zulassen, dass er mit Ihnen ein »Spiel« spielt, wie auch immer dieses Spiel aussieht, dann wird sich Ihre Situation verschlechtern. Weisen Sie deutlich zurück, was Ihnen missfällt, und schieben Sie dem Verhalten sofort freundlich, aber unmissverständlich einen Riegel vor. Wenn es nicht anders geht, müssen Sie aus dem Spiel aussteigen oder deutlich klarmachen, das Sie nicht bereit sind, es weiter mitzuspielen. Ansonsten laufen Sie Gefahr, dass man(n) Ihnen später auch noch vorhält, Sie hätten sich ja quasi unausgesprochen damit einverstanden erklärt.

15. Finger weg von bösen Jungs
Bad Boys sind schlecht für Sie. Sprechen Sie es einfach zehnmal nach: »Bad Boys sind schlecht für mich«.

16. Bleiben Sie realistisch
Wenn Sie im Hinblick auf das Thema »Heiraten« den Satz hören: »Wir müssen doch nichts überstürzen, wir haben doch noch so viel Zeit«, dann sollten Sie die Alarmanlage jetzt wieder ausschalten. Kein gesunder Mann wird sich ernsthaft dagegen sträuben, die Frau seines Lebens zu heiraten. Im Gegenteil: Ist es »die Richtige«, kann es gar nicht schnell genug gehen.

17. Sprechen Sie zu sich selbst
Wenn Sie das Gefühl beschleicht, eine »Gefall- oder Leistungs-Tochter« zu sein, dann bemühen Sie sich um professionelle Hilfe. Sie sind damit weiß Gott nicht allein und erst recht nicht »krank«. In fast jeder Stadt gibt es einen psychologischen Vermittlungsdienst, der Ihnen nach einem »Vorgespräch« den richtigen Therapeuten oder die

richtige Therapeutin vermittelt. Das ist mitunter ein langer Weg, aber ich möchte Sie ermuntern, diesen ersten Schritt zu gehen. Es wird Ihnen zu neuer Kraft und positivem Selbstwertgefühl verhelfen.

18. Sie haben ein Recht auf Glück

Ja, es ist wirklich schwer, einen Partner zu finden, der mit einem ein schönes Leben (1) aufbaut, (2) teilt und (3) erhält. Das ist echte Arbeit und mehr als ein halber Rat: Willy, die Drohne, und Flip, die Heuschrecke, sollten in Ihrem Leben keinen Platz mehr haben, es sei denn, Sie wollten die Biene Maja sein und nur einen Sommer leben. Sie haben es verdient, einen netten Kerl zu finden, der Sie liebt. Es gibt ihn auch. Vielleicht ist er nur ganz anders, als Sie bisher dachten.

18 ½. Ende gut

Und wenn Sie sich dann dazu durchgerungen haben, eine Beziehung ohne Zukunft endlich zu beenden, und nun die brennenden Schmerzen des Verlusts und der Eifersucht spüren, dann mag es Sie trösten, stets daran zu denken:

Frauen leiden in der Beziehung, Männer danach.

»Wollen Sie wissen, wie eine Frau einen Mann
dranbekommt? Sie taucht nur auf. Das genügt.
Wir Männer sind einfach gestrickt.«
(Harrison Ford in »6 Tage – 7 Nächte«)

Besuchen Sie meinen Blog.
Sie haben ähnliche Erfahrungen mit
Männern und Beziehungen gemacht?
Dann beteiligen Sie sich und
diskutieren Sie mit mir
Ihre Erfahrungen in meinem
Internet-Blog unter
www.scheisskerle.de

Register

Carina Hashagen | Ja!

10 Regeln, den Mann fürs Leben zu finden und zu heiraten

Keine Frage, die Glückseligkeit einer Frau hängt nicht davon ab, ob sie geheiratet wird oder nicht. Und trotzdem, der richtige Partner an der Seite ist und bleibt ein wichtiger Bestandteil des weiblichen Plans vom Glück. Und dieses Glück sollte frau nicht dem Schicksal überlassen, sondern selbst in die Hand nehmen. Wer die zehn Regeln kennt und anwendet, besitzt das nötige Rüstzeug fürs Suchen und Finden der Liebe, die – wenn frau es will – mit dem Gang zum Altar gekrönt wird.

240 Seiten,
Klappenbroschur

| Hoffmann und Campe |